# LES

# TIMBRES-POSTE

STRASBOURG, IMPRIMERIE DE VEUVE BERGER-LEVRAULT.

# LES
# TIMBRES-POSTE

## CATALOGUE

MÉTHODIQUE ET DESCRIPTIF

DE

## TOUS LES TIMBRES-POSTE CONNUS

PREMIÈRE PARTIE

TIMBRES-POSTE PROPREMENT DITS

## PARIS

Vᵉ BERGER-LEVRAULT ET FILS, LIBRAIRES-ÉDITEURS

5, RUE DES BEAUX-ARTS

MÊME MAISON A STRASBOURG

1867

# ABRÉVIATIONS.

à d. = A droite.

à g. = A gauche.

C. = Couleur (imprimé en couleur).

CC. = Crown colonies (colonies de la couronne) filigrane **que l'on** rencontre sur un certain nombre de timbres des colonies anglaises.

D. = Côté droit (indiquant la place du timbre des enveloppes ou de l'inscription en petits caractères de couleur qui se trouve sur la plupart des enveloppes allemandes).

Dick. = Papier Dickinson (présentant un ou deux fils de soie dans la pâte du papier).

Fil = Filigrane (marque [lettres ou figures] paraissant dans la pâte d'un certain nombre de papiers vergés).

G. = Côté gauche (indiquant la place du timbre des enveloppes ou de l'inscription en petits caractères de couleur qui se trouve sur la plupart des enveloppes allemandes).

Inscription = Inscription en petits caractères de couleur qui se trouve sur la plupart des enveloppes allemandes.

Li. = Lithographié.

N. = Imprimé en noir.

Oct. = Octogone.

pe. = Percé. (On appelle *percés* les timbres dont la séparation est effectuée par un simple écartement dans la pâte du papier, sans perte de substance.)

pe. a. = Percé en arc. ⌢⌢⌢⌢⌢⌢⌢⌢⌢

pe. co. = Percé couleur. (Nous désignons ainsi les timbres *percés en ligne droite* suivant une ligne de couleur imprimée entre les timbres.)

pe. li. = Percé en ligne droite. — — — — — — —

pe. ob. pa. = Percé en lignes obliques parallèles. \\\\\\\\\\\\\\\

pe. pa. = Percé parallèlement. |||||||||||||

pe. po. = Percé en pointe.

pe. sc. = Percé en scie.

pe. se. = Percé en serpentin.

pe. se. (type 2) = Percé en serpentin.

pi. = Piqué. (On appelle piqués les timbres dont les côtés sont séparés par des lignes de trous dus à l'enlèvement de rondelles de papier. Nous avons indiqué par un chiffre placé à la suite le nombre de trous ou de dents par deux centimètres.)

PA. = Papier azuré (ou bleuté).

PB. = Papier blanc.

PC. = Papier de couleur.

PM. = Papier mécanique (fabriqué à la machine).

PMA. = Papier mécanique azuré.

PMB. = Papier mécanique blanc.

PMVA. = Papier mécanique azuré imitant la vergeure.

PMVB. = Papier mécanique blanc imitant la vergeure.

PV. = Papier vergé (fabriqué à la main).

PVA. = Papier vergé azuré.

PVAA. = Papier vergé anglais azuré (papier vergé d'une fabrication spéciale, qui ressemble au papier mécanique, mais qui, étant fabriqué à la main, présente un filigrane).

PVAB. = Papier vergé anglais blanc.

PVB. = Papier vergé blanc.

PVC. = Papier vergé de couleur.

R. = Relief, en relief.

R. bl. = Relief blanc, en relief blanc.

Ty. = Typographie.

TD. = Taille-douce (imprimé en taille-douce sur acier ou sur cuivre).

☐ = Carré.

▭ = Rectangulaire.

▭ = Oblong.

○ = Rond, dans un cercle.

○ = Ovale, dans un ovale.

○ = Ovale couché.

# AVANT-PROPOS.

Nous voyons depuis quelque temps augmenter en proportion toujours croissante le nombre des timbres-poste qui demandent à être catalogués soit par suite d'émissions nouvelles, soit par suite des découvertes récentes dues pour d'anciens timbres aux études d'amateurs dévoués.

Les catalogues anciennement publiés et dont le plus récent, celui de M. Moëns, a paru en 1864, ne répondent donc plus, malgré tout leur mérite, aux besoins actuels des collectionneurs.

Nous espérons donc que le travail que nous publions sera accueilli favorablement.

Nous avons pu compléter les renseignements fournis par notre propre collection au moyen d'une étude approfondie de quelques-unes des plus grandes collections connues. En outre, notre travail a été soumis à deux de nos principaux amateurs, le docteur Magnus et M. F. A. Ph., qui ont bien voulu en revoir les épreuves et nous prêter ainsi un concours des plus précieux.

Nous osons donc espérer que notre catalogue sera aussi exact et aussi complet que possible.

Quant à la classification, nous avons été pendant quelque temps incertain si nous devions adopter l'ordre alphabétique ou l'ordre géographique: après mûre réflexion nous nous sommes décidé pour l'ordre géographique. Voici nos motifs: d'un côté, c'est l'ordre déjà adopté dans les articles du *Magasin pittoresque*, ainsi que dans les catalogues des collections de monnaies, qui ont beaucoup de rapports avec celles de timbres-poste: d'un autre côté, cet ordre est le seul qui permette d'énumérer, l'un après l'autre, les timbres de pays limitrophes, qui ont souvent entre eux une grande analogie. Sans parler des timbres de Nouvelle-Grenade et Colombie, de Holstein, Schleswig-Holstein et Schleswig, dont la classification ne devient claire que par le rapprochement, nous rappellerons encore la plupart des timbres-poste allemands. Il nous paraîtrait donc bien désirable que cet ordre fût adopté dans tous les catalogues.

La table alphabétique qui se trouve à la fin de l'ouvrage, facilitera d'ailleurs au collectionneur la recherche des divers pays, jusqu'à ce qu'il soit familiarisé avec l'ordre dans lequel ils sont rangés; ce qui, du reste, ne lui prendra que peu de temps.

On trouve souvent dans les collections plusieurs exemplaires d'un même timbre qui ne se distinguent que par une couleur plus ou moins foncée du papier ou de l'impression. Pour ces différences il faut bien se rendre compte si ce ne sont que des nuances différentes d'un seul et même timbre, que l'on admet dans la collection pour la rendre le plus complète possible, ou bien si l'on a affaire à deux sortes réellement différentes.

A notre avis, les timbres offrant de pareilles variétés de nuances ne sont à considérer comme sortes réellement différentes que lorsqu'il est constant qu'ils ont été émis en nuance différente à la suite d'une décision formelle de l'administration des postes et, conséquemment, aussi reconnus par elle. Tels sont, par exemple, les timbres:

*France, Empire:* 80 c. carmin et 80 c. rose; 5 c. vert et 5 c. vert clair.

Au contraire, les timbres de Sardaigne, dont les différences de nuances sont bien plus grandes, ne paraissent pas être dans le même cas et ne doivent, par suite, être admis dans les collections que comme des variétés intéressantes.

C'est une distinction qui n'est pas toujours facile à établir, car nous manquons maintenant encore, à bien des égards, des indications nécessaires. Cependant d'après ce qui a été fait, il y a lieu d'admettre que cette question aussi s'éclaircira de plus en plus.

Nous nous bornons à indiquer les nuances à nous connues, laissant le collectionneur libre d'en tenir compte ou non.

Nous avons nécessairement admis la distinction entre les timbres *non dentelés* et les timbres *dentelés*, en subdivisant ces derniers, d'après la classification admise par les journaux français, en timbres *piqués* et timbres *percés*. — Nous avons profité des intéressants travaux du docteur Magnus pour indiquer l'écartement des dents pour les timbres piqués et le mode de perçage des timbres percés.

Ces différences sont le résultat d'une manipulation spéciale et sont, par conséquent, bien plus importantes que les simples variétés de nuances, dont bien souvent il ne faut chercher la cause que dans une petite maladresse de l'imprimeur, qui n'avait pu arriver à obtenir la couleur voulue.

Nous n'insérons dans la première partie de notre catalogue que les timbres-poste proprement dits. — Nous comptons donner dans une seconde partie, dont nous nous occupons en ce moment et que nous pensons faire paraître prochainement, la description, aussi complète que possible, des Essais, Épreuves, Timbres proposés, etc.

Nous avons indiqué aussi exactement que possible le mode d'exécution des timbres : typographie, taille-douce ou lithographie.

Outre l'intérêt que cette indication présente en elle-même, elle est souvent précieuse comme moyen de reconnaître les contrefaçons, pour lesquelles les faussaires ont eu d'ordinaire recours à la lithographie, comme entraînant la moindre dépense.

Il est quelquefois assez difficile de distinguer de l'impression typographique, la gravure en taille-douce (sur cuivre ou sur acier). La différence est certainement appréciable pour un grand nombre de timbres qui offrent nettement les caractères distinctifs du mode d'exécution : c'est ainsi qu'il suffit d'un coup d'œil pour reconnaître que les timbres des gouvernements provisoires de Modène, des Romagnes, de Parme, ont été typographiés ; que les timbres du royaume de Naples et de la 1re émission de Luçon sont imprimés en taille-douce ; mais la difficulté qu'on rencontre provient de ce qu'un grand nombre de timbres ont été d'abord gravés sur acier, puis reproduits par procédé galvanique, et enfin imprimés à la presse typographique ; car on se trouve alors en présence d'une sorte de procédé mixte.

Dans l'impression lithographique on remarque des contours moins nets, moins tranchés, une mollesse et une confusion relatives des lignes: de plus, le papier est généralement un peu luisant, presque gras et savonneux.

Nous avons compris dans notre première partie les timbres d'affranchissement émis par des *entreprises particulières*, qui doivent, à notre avis, évidemment faire partie des collections, en tant qu'ils ont servi a l'affranchissement des *lettres*.

Nous n'ignorons pas que la question est délicate, attendu que quelques-uns de ces timbres n'ont servi qu'à l'affranchissement de paquets, et que d'autres ont donné lieu à une véritable spéculation. Il y aurait là tout un travail à faire dont les principaux éléments ne pourront nous être fournis que par quelques amateurs sérieux des États-Unis. En attendant, nous croyons qu'un collectionneur ne regrettera pas d'avoir admis provisoirement tous les exemplaires authentiques de ces timbres, sauf à en rejeter plus tard un petit nombre. On ne doit, en aucun cas, les assimiler aux timbres d'effets de commerce, etc., car ces derniers n'ont rien de commun avec les lettres, tout en méritant d'être recherchés par quelques amateurs qui voudraient en former une collection spéciale.

Nous avons laissé de côté les timbres d'offices des chemins de fer, anglais et autres. Ces timbres servent bien en partie au transport des journaux, mais le plus grand nombre à celui des paquets d'ouvrages périodiques, *jamais des lettres*. Ils n'ont donc pas l'intérêt des *vrais* timbres d'offices américains qui servaient à la correspondance.

Nous avons également négligé les enveloppes allemandes de la guerre, dites *Feldpostbrief*. Ce ne sont pas, à proprement parler, des marques d'affranchissement. Les enveloppes imprimées sont seulement un moyen de fournir rapidement aux administrations postales les renseignements indispensables, tandis que les timbres à la main fournissent le certificat d'origine de la lettre. On pourrait assimiler ces derniers aux timbres à date portant le nom du bureau d'origine que bien peu de personnes doivent collectionner.

Nous avons inséré dans le tableau des monnaies (pages 142, 143) toutes les espèces de monnaies qui sont mentionnées dans le catalogue ; les valeurs de celles qui ont cours dans un seul pays ont été indiquées, en outre, dans la Notice même de ce pays.

Un dernier mot sur la manière de consulter ce catalogue. L'amateur devra toujours se souvenir que la description d'un timbre n'est que le sommaire des caractères positifs, et il ne faut pas oublier que les caractères négatifs, soit ceux qui résultent de l'absence de certains caractères positifs, se trouvent implicitement rappelés par l'absence d'indication. Deux timbres, par exemple, ne diffèrent que par l'absence ou la présence de la dentelure. N'est-il pas évident qu'en omettant de mentionner que le premier *n'est pas dentelé*, nous signalons ce caractère négatif, puisque nous faisons *le contraire* pour le second ? De même en indiquant à un timbre le *filigrane du papier*, n'est-ce pas dire qu'un autre semblable est *sur papier uni*, en ne mentionnant pas de filigrane ? Le rappel de ces caractères négatifs nous aurait entraîné dans des développements considérables et aurait grossi le volume sans utilité réelle.

Nous recevrons avec plaisir, le plus tôt possible, les additions relatives aux timbres anciens et notamment les rectifications que l'on voudra nous faire parvenir, à l'adresse de

*Monsieur Oscar Berger-Levrault, à Strasbourg,*

en accompagnant, autant que possible, ces communications des timbres qu'elles concernent. Suivant le désir qu'on nous en exprimerait, nous les échangerions contre d'autres timbres, ou les renverrions après en avoir pris connaissance.

Juin 1867.

# ORGANISATION



## COLLECTION DE TIMBRES-POSTE.

Il n'est guère possible de poser des règles précises pour l'organisation d'une collection de timbres-poste.

Les amateurs qui ont le bonheur de posséder des collections de premier ordre, ont été généralement dans le cas de les remanier plusieurs fois, et l'expérience qu'ils ont acquise leur a naturellement permis d'adopter un système pratique en rapport avec la spécialité de leur collection.

Ils n'ont donc plus aucun besoin de conseils, mais nous croyons que les amateurs moins avancés accueilleront volontiers quelques indications générales, résultat de l'expérience.

Il y a quelques années, on se servait assez souvent de feuilles divisées à l'avance, par la réglure, en carrés réguliers. Nous croyons que ce système, des plus impratiques, a été complétement abandonné.

Par contre, nous croyons que les différents albums publiés dans ces derniers temps ne seront pas sans utilité pour les commençants, grâce surtout aux renseignements qu'ils contiennent généralement.

Il nous paraît toutefois que la plupart d'entre eux ont encore un défaut assez grave, c'est de réunir, par un motif d'économie que nous ne saurions approuver, les timbres de plusieurs pays sur un même feuillet.

À notre avis, il faut absolument réserver toujours un feuillet entier pour chaque pays, car on ne peut pas prévoir quels États feront subir des changements à leurs timbres, et, par conséquent, sur quels feuillets il faudra réserver des places à ces nouveaux timbres, ou s'il ne deviendra pas nécessaire d'intercaler, sur un de ces feuillets comprenant plusieurs pays, les timbres d'une contrée qui n'en avait pas encore émis.

Il y a donc là une défectuosité qui rend impossible le classement méthodique et l'ordre strict indispensable pour toute collection bien comprise; tandis qu'avec notre système la publication des feuilles supplémentaires nécessaires répondra pendant longtemps à tous les besoins, sauf à détacher, à un moment donné, les feuillets de l'album pour tout classer dans une série unique, se présentant comme feuilles volantes.

On atteindra ainsi sans difficulté le moment où l'étendue de la collection obligera d'abandonner le système d'album. Ce système, en effet, n'est pas possible pour les collections importantes, qui contiennent toutes, suivant le goût de leur possesseur, un nombre plus ou moins grand, mais toujours variable, de timbres présentant certaines particularités, de variétés, etc.

A ce moment il faut absolument des feuilles volantes ou feuilles mobiles, sauf à les rehausser, si on le désire, par une certaine ornementation: encadrements de couleur, armoiries, etc.

Suivant le système admis, du reste, dans les albums, les timbres de chaque État seront classés dans l'ordre chronologique des émissions, et l'on disposera les uns à côté des autres ceux qui font partie d'une même émission, en évitant soigneusement qu'elles se confondent avec d'autres; on calculera au besoin les intervalles entre les timbres, de manière à pouvoir placer toute l'émission sur une même rangée (ce qui est possible à très-peu d'exceptions près). Il paraît naturel de commencer par les timbres du plus bas prix, puis de faire suivre les autres de gauche à droite dans l'ordre croissant de leur valeur.

Il y a lieu de recommander aux jeunes collectionneurs, surtout pour les timbres rares, de ne pas en détacher, à leur début, les parcelles d'enveloppe ou de lettre sur lesquelles ils sont collés. Qu'ils n'oublient pas que le plus grand danger pour une collection consiste dans un décollage et recollage trop fréquent. Quelque soin que l'on mette à décoller les timbres, on court toujours le risque de les déchirer, et ce risque augmente naturellement avec chaque nouvelle opération.

Cette recommandation est surtout nécessaire pour les timbres en relief (tels que ceux de Sardaigne, de Portugal, les nouveaux timbres d'Oldenbourg, etc.), car, après avoir été mouillés deux ou trois fois, ils perdraient presque entièrement leur relief.

Il viendra cependant un moment où l'amateur trouvera nécessaire de classer toute sa collection à nouveau, ne fût-ce que pour remplacer par de meilleurs exemplaires les timbres plus ou moins défectueux dont il se sera primitivement contenté. L'expérience acquise lui permettra, à ce moment, de connaître le degré de précaution qu'il y a lieu d'apporter à la manipulation de chaque timbre.

Le meilleur système de décollage consiste, selon nous, à poser *le revers* du timbre sur un morceau de flanelle bien trempée (mais non la flanelle sur le timbre).

De cette manière on peut suivre exactement les progrès du décollage pour plusieurs timbres à la fois et séparer le papier du timbre au moment voulu et avant que celui-ci ne soit trop mouillé.

Du reste, ce n'est que pour les timbres rares qu'il est nécessaire d'employer ce procédé: les timbres ordinaires, imprimés sur papier fort, peuvent au besoin être plongés dans l'eau jusqu'à ce qu'ils se détachent facilement.

Quant aux enveloppes, un assez grand nombre d'amateurs prennent, avec raison, soit un exemplaire qui reste complet et intact, soit deux exemplaires, dont le premier, coupé en carré, est collé dans l'album, tandis que le second reste complet et intact. Quant à ceux qui ne font que les enveloppes coupées, nous croyons n'avoir plus besoin de leur recommander d'en découper le timbre en forme de carré (d'environ 6 millimètres de côté ou plus). — Le mode barbare, usité au début des collections, et qui consistait à les découper en rond ou en octogone, en suivant les contours de l'impression, n'est plus guère admis aujourd'hui.

Cette recommandation se justifie:

1° Parce que, en agissant autrement, on priverait beaucoup d'enveloppes du signe qui permet de les distinguer le plus facilement des timbres correspondants : c'est ce qui arrive, par exemple, pour les enveloppes et les timbres autrichiens, prussiens, saxons et lubeckois, lorsque les uns et les autres sont découpés en rond ;

2° Parce qu'on les dépouillerait de leur inscription (c. à d. des deux lignes en petits caractères qui sont imprimées sur la plupart des enveloppes allemandes), et pourtant cette inscription offre une particularité d'autant plus intéressante que presque tous les États allemands ont adopté une couleur différente pour chacune d'elles ;

Enfin cette inscription est la seule marque distinctive entre la 1re et la 2e émission des enveloppes de Thurn et Taxis, des enveloppes saxonnes, etc.

Par ces observations nous ne pensons pas avoir épuisé la matière : ce sont simplement quelques indications générales, qui seront peut-être agréables à quelques-uns de nos lecteurs.

O. B. L.

# TIMBRES-POSTE.

## EUROPE.

### RUSSIE (Empire de),
#### excepté la Finlande et la Pologne.

**TIMBRES.**

1857. *Armoiries* en R. bl. (*aigle à deux têtes, couronnée*) *sur fond
ovale de couleur; le reste du timbre de couleur
différente.* — C. — PMB. — Ty. — ☐

10 kopecks bleu (fond) et brun.

> On rencontre des exemplaires non piqués des timbres de 20 ko-
> pecks et 30 kopecks, mais nous croyons que ce sont des timbres
> de l'émission de 1859, que quelques collectionneurs auront pu ob-
> tenir avant que les feuilles aient passé à la machine à piquer.

1858. *Mêmes timbres,* pi. $12\frac{1}{2}$.

10 kopecks bleu (fond) et brun; 20 kop. orange (fond) et bleu;
30 kop. vert (fond) et rose.

> On rencontre aussi quelques exemplaires piqués 15.

1863. *Armoiries.* — C. — PMB. — Ty. — ☐ — pi. $12\frac{1}{2}$.

5 kopecks noir et gris bleuâtre (poste locale de Saint-Pétersbourg
et (?) Moscou).

Juillet 1864. *Armoiries et inscriptions imprimées noir sur fond de
couleur.* — C. — PMB. — Ty. — ☐ — pi. $12\frac{1}{2}$.

1 kopeck noir et jaune; 3 kop. noir et vert; 5 kop. noir et chair.

1866. *Mêmes timbres. Couleurs vives (aniline).* — C. — PMB. — Ty. —
☐ — pi. 15.

1 kopeck noir et jaune, 3 kop. noir et vert, 5 kop. noir et chair.

1866. *Mêmes timbres que 1858. Couleurs vives (aniline).* — C. —
PMB. — Ty. — ☐ — pi. 15.

10 kop. bleu et brun, 20 kop. orange et bleu, 30 kop. vert et rose.

**ENVELOPPES.**

1848. *Armoiries (comme ci-dessus)*, R. bl. — C. — PVB. (Fil: *aigle en
☐). — Ty. — ◯ *au revers des enveloppes.*

10 + 1 kopecks noir, 20 + 1 kop. bleu, 30 + 1 kop. rose.

1864. *Même enveloppe.* (Fil: *aigle dans un ovale.*)

10 + 1 kopecks noir.

*Même enveloppe.* — PVA.

10 + 1 kopecks noir.

1866. *Même enveloppe.* (Fil: *aigle dans un ovale.*)

20 + 1 kopecks bleu outremer, 30 + 1 kop. rouge-brique.

1845. *Armoiries (comme ci-dessus)*. — C. — PB. — Ty. — ◯ — D. [poste
locale de Saint-Pétersbourg].

5 + 1 kopecks bleu terne, 5 + 1 kop. bleu outremer (1864).

Le kopeck ajouté à la taxe représente le prix de l'enveloppe.

### Administration privée.

*Compagnie russe de navigation du Levant.*

1864. *Aigle à deux têtes, couronnée, en* ◯ *bl. entourée de deux* ◯
*concentriques, le* ◯ *intérieur guilloché, le* ◯ *exté-
rieur portant en lettres blanches une inscription en
caractères russes.* (6 kopecks par loth [Timbre-poste
de] pour les envois du Levant.) — C. — PB. — Ty. —
Grand ☐ — pi.

6 kopecks bleu de ciel.

1866. *Vaisseau, inscription russe en haut, double aigle en bas.*
C. — PB. — Li. — ☐

Rouge burelé bleu (20 paras).

*Vaisseau, double aigle en haut, inscription des côtés et en bas.* —
C. — PB. — Li. — ☐

Bleu burelé rose (3 piastres).

# FINLANDE.

**TIMBRES.**

1845. *Inscription (Portostempel), armoiries (lion couronné, tenant
une épée), l'écu rayé de 39 lignes verticales [1er type].*
— C. — PVB. — Ty. — ◯

10 kopecks rose (PVB. jaunâtre), 20 kop. vert russe (PVB. raies verticales).

*Timbre semblable, l'écu rayé de 37 lignes verticales* [2e type]. — C. — PVB. *raies horizontales.* — Ty. — ◯

10 kopecks rose, 20 kop. vert russe.

1856. *Armoiries (lion couronné, tenant une épée).* —C.—PB.—Ty.—◯

5 kopecks bleu, 10 kop. rose, 20 kop. noir, 20 kop. vert russe.

1860. *Mêmes armoiries.* — C. — PM. légèrement coloré. — Ty. — ▢ — pe. se.

5 kopecks bleu clair, 10 kop. rose clair.

1863. *Mêmes timbres,* pe. se.

5 kopecks bleu, 10 kop. rose.

1866. *Mêmes timbres.* — C. — P. teinté. — Ty. — ▢ — pe. se.

20 penni bleu, 40 p. carmin.

1866. *Timbres semblables (écu plus grand, ondulations plus serrées).* — C. — PVC. — Ty. — ▢ — pe. se.

5 penni violet sur lilas, 10 p. noir sur jaune brun.

1867. *Même timbre.* — N. — PC. — Ty. — ▢ — pe. se.

8 penni vert.

### Postes locales.

1866. *Inscription (Stadspost) dans une barre transversale rose; le reste du timbre vert clair; nom (Helsingfors).* — C. — PB. — Li. — ◯ — pe. se.

10 penni vert et rose.

1866. *Nom (Tamerfors), valeur dans une barre transversale bleue; le reste du timbre vert; nom, armoiries.* — C. — PMB. — Li. — ◯

12 penni vert et bleu.

NOTA. 100 penni = 1 marc = 4 fr.

### ENVELOPPES.

1845. *Inscription (Portostempel), armoiries (lion couronné tenant une épée, l'écu rayé de 39 lignes verticales (même gravure que les timbres de même date* [1er type]). — C. — PVB. *raies obliques* — Ty. — ◯ *au revers des enveloppes.*

10 kopecks rose, 20 kop. bleu très-foncé, 20 kop. vert russe.

1856. *Armoiries (comme ci-dessus)*, même gravure que les timbres de même date. — C. — PVB. — Ty. — ◯ *au revers des enveloppes.*

5 kopecks bleu, 10 kop. rose, 20 kop. noir.

*Même timbre.* — PMB.

5 kopecks bleu.

1860. *Armoiries (comme ci-dessus), ondulations du fond de l'écu, écartées.*— C. — PVB. — Ty. — ▢ — G.

5 kopecks bleu, 10 kop. rose foncé.

*Mêmes enveloppes, ondulations rapprochées.*

5 kopecks bleu, 10 kop. rouge foncé.

> Les premières émissions sont sur papier vergé, les émissions postérieures sur papier mécanique.

1867. *Même enveloppe.*

5 kopecks bleu lilacé.

### Variétés.

1860. *Mêmes timbres.*

5 kopecks bleu, *au revers* le 5 kop. 1856; 5 kop. bleu, *au revers* le 5 kop. 1856 (Fil: *fleurs de lis*); 5 kop. bleu, *au revers* le 10 kop. 1856; 5 kop. bleu, *au revers* le 20 kop. 1856; 10 kop. rose, *au revers* le 10 kop. 1845; 10 kop. rose, *au revers* le 20 kop. 1845; 10 kop. rose, *au revers* le 20 kop. 1856.

> Ces variétés ne sont que des accidents dus à ce que, pour économiser le papier, l'administration des postes commença par employer, pour l'impression des enveloppes de 1860, tout l'approvisionnement restant des enveloppes antérieures.

*Réimpression de* 1862 :

**Enveloppes de 1845.** 2ᵉ *type.* 10 kopecks rose, 20 kop. noir.

**Enveloppes de 1856.** 5 kopecks bleu, 10 kop. rose, 20 kop. noir.

> En 1862, il fut fait un nouveau tirage de ces cinq sortes d'enveloppes; mais les timbres furent imprimés rapprochés l'un de l'autre, et non comme des enveloppes proprement dites. — On s'est servi, pour la réimpression des enveloppes 1845, de la gravure 2ᵉ type.

# WENDEN (Cercle de).

**TIMBRES.**

*Inscription* (*Wenden'sche Kreis Briefpost*) en ◯, *vignettes au centre.* — C. — PB. — Ty. — ◯.

Bleu.

L'existence de ce timbre n'est pas encore bien prouvée.

1862. *Inscription* (*Briefmarke des Wenden'schen Kreises*) en noir sur guillochage rose. — C. — PB. — Ty. — ☐

Blanc (2 kopecks).

1863. *Inscription* (*Briefmarke des wenden'schen Kreises*), ovale vert, le reste du timbre rose. — C. — PB. — Ty. — ☐

Vert et rose (2 kopecks).

1864. *Même timbre, griffon en R. bl. dans l'ovale.*

Vert et rose (2 kopecks).

NOTA. L'authenticité de tous ces timbres nous paraît encore douteuse, malgré toutes les affirmations contraires; c'est ainsi que nous n'avons jamais réussi à obtenir un exemplaire oblitéré.

----

# POLOGNE.

**TIMBRES.**

1860. *Armoiries* (*aigle à deux têtes*) en R. bl. sur fond rose, le reste du timbre bleu. — C. — PMB. — Ty. — ☐ — pi. 12.

10 kopecks rose et bleu.

**ENVELOPPES.**

1860. *Armoiries* (*comme ci-dessus*). — C. — PB. (Fil: *damier*). — ◯ — Ty. — G.

10 kopecks noir.

**Poste locale.**

21 janvier 1858 — 16 septembre 1861. *Armoiries* (*comme ci-dessus*). — C. — PVB. — ◯ — Impr. à la main. — (Inscription: *Kassa glowna Pocztowa*, dans la partie supérieure du timbre.) — D.

Rouge (1½ kopecks) [poste locale de Varsovie]. Deux formats.

Enveloppe semblable. – (Inscription : *Kassa glowna Pocztowa,* dans la partie inférieure du timbre.)

Rouge (1½ kopecks).

1860. *Armoiries (comme ci-dessus).* – C. – PB. (Fil: *damier*) – ◯ – Ty. – G.

3 kopecks bleu. (Poste locale de Varsovie.)

*Même enveloppe.* – D.

3 kopecks bleu.

1864. *Même enveloppe.* – Au revers.

3 kopecks bleu.

> NOTA. Ce dernier tirage, ayant été fait après que le service de la poste locale de Varsovie a été supprimé, ne doit être considéré que comme une réimpression intéressante.
>
> A partir du 13 février 1865, tous les timbres et enveloppes du royaume de Pologne sont remplacés par les timbres et enveloppes russes.

# SUÈDE (Royaume de).

**TIMBRES.**

1855. *Nom (Sverige Frimärke). armoiries de Suède.* – C. – PB. – Ty. – ☐ – pi. 14.

3 skilling banco vert, 4 sk. b. bleu, 6 sk. b. gris, 6 sk. b. gris brun. 8 sk. b. jaune, 8 sk. b. orange, 24 sk. b. orange.

? *Mêmes timbres, impression pâle.* C. – PB. – Ty. – ☐ – pi. 14.

3 skilling banco vert. 4 sk. b. bleu, 4 sk. b. bleu lilacé, 4 sk. b. gris bleu, 6 sk. b. gris, 8 sk. b. orange, 24 sk. b. vermillon.

1858. *Mêmes timbres.* – C. – PMB. – Ty. – ☐ – pi. 14.

5 öre vert, 5 öre vert foncé, 5 öre vert tendre, 9 öre lilas, 9 öre violet. 12 öre bleu. 12 öre bleu outremer, 12 öre bleu terne. 24 öre jaune. 24 öre orange, 30 öre rouge brun. 50 öre carmin.

1866. *Inscription, chiffre blanc en* ☐. *surmonté d'un lion couché.* – C. – PB. – Ty. – ☐ – pi. 14.

17 öre violet, 20 öre rouge.

**POSTE LOCALE de STOCKHOLM.**

1855. *Inscription (Frimärke för Lokalbref)* en ◯ — C. — PB. — Ty. —
☐ — pi. 14.

Noir (1 skilling banco).

1862. *Même timbre.* — C. — PB. — Ty. — ☐ — pi. 14.

Brun clair (3 öre).

1863. *Nom (Sverige Frimärke), armoiries de Suède, sur le devant
un lion couché.* — C. — PMB. — Ty. — ☐ — pi. 14.

3 öre brun, 3 öre brun jaunâtre.

NOTA. Jusqu'en 1856 : 48 skilling banco = 5 fr. 75 c.
Depuis 1856 : 100 öre = 1 fr. 43 c.

# NORWÉGE (Unie à la Suède).

**TIMBRES.**

1854. *Inscription (Frimärke), armoiries (lion couronné debout, tenant une hache, dans un écusson surmonté d'une
couronne)* en ◯ — C. — PVB. — Ty. — ☐

4 skilling bleu.

1856. *Nom (Norge Frimärke), tête du roi Oscar I*er à g. en ◯ —
C. — PMB. — Ty. — ☐ — pi. 13.

2 skilling jaune, 2 sk. jaune orange, 3 sk. lilas, 4 sk. bleu, 8 sk. rose.

1863. *Nom, armoiries.* — C. — PMB. — Ty. — ☐ — pi. 14.

4 skilling bleu, 8 sk. rose, 24 sk. brun pâle.

1865. *Même timbre*, pi. 14.

2 skilling jaune.

1866. *Même timbre*, pi. 14.

3 skilling lilas.

**Entreprise particulière.**

15 mars 1865. *Inscription (Throndhjems By-post) [Poste de Dront-
heim], chiffre: GFK en ovale [G. F. Krogh, nom de
l'entrepreneur].* - C. — PB — Li. — ☐

Brun (1 skilling).

NOTA. 120 skilling = 5 fr. 72 c.

## HELIGOLAND (Colonie anglaise).

1867. *Effigie de la reine Victoria, couronnée à g., en R. bl., centre ○ et inscriptions vert, angles intérieurs rouge. —* C. — PB. — Ty. — pe. li. — ☐

½ schilling vert et rouge.

*Même timbre, centre ○ et inscriptions rouge, angles intérieurs vert.*

1 schilling rouge et vert.

*Timbre semblable, centre ○ et angles intérieurs vert, encadrement rouge.*

2 schilling vert et rouge.

*Même timbre, centre ○ et angles intérieurs rouge, encadrement vert.*

6 schilling rouge et vert.

---

# DANEMARK (Royaume de)

y compris jusqu'en 1864 SCHLESWIG-HOLSTEIN et LAUENBOURG.

**TIMBRES.**

1 avril 1851. *Inscription (Kgl. Post. Frimärke). valeur en* ○ — C. — PVB. (Fil: *couronne*). — Ty. — ☐

2 rigsbank skilling bleu.

*Inscription (Kongeligt Post Frimärke), armes (épée et sceptre en sautoir, surmontés d'une couronne), valeur en toutes lettres. — C. — PVB. (Fil: couronne). — Ty. — ☐*

4 rigsbank skilling brun, 4 rbsk. brun clair, 4 rbsk. brun rouge.

1853. *Mêmes timbres, valeur en chiffres, fond sablé. — C. — PVB. (Fil: couronne). — Ty. — ☐*

2 skilling bleu, 4 sk. brun, 8 sk. vert (1857), 16 sk. lilas (1857).

*Même timbre, pi. 11 par entreprise particulière.*

2 skilling bleu.

? *Mêmes timbres, fond ondulé. — C. — PVB. (Fil: couronne). — Ty. — ☐*

4 skilling brun, 8 sk. vert.

*Mêmes timbres, pe. li.*

4 skilling brun, 8 sk. vert, 16 sk. violet.

1864. *Inscription (Kgl. Post Frm.), mêmes armoiries.* — C. — PVAB. (Fil: *couronne*). — Ty. — ☐ — pi. 13.

4 skilling vermillon, 4 sk. rose carmin, 16 sk. gris verdâtre.

> NB. A partir du 1ᵉʳ avril 1864, les timbres danois ne sont plus en usage que dans le Jutland et les îles. (Voir SCHLESWIG et HOLSTEIN.)

1865. *Même timbre.* — PVAB. (Fil: *couronne*). — Ty. — ☐ — pi. 13.

2 skilling bleu, 3 sk. lilas.

**ENVELOPPES.**

1865. *Inscription (Kgl. Post. Frm.), armes (épée et sceptre en sautoir) surmontées d'une couronne en R. bl.* — C. — PVB. (Fil: *couronne dans la patte*). — Ty. — ○ — D.

2 skilling bleu, 4 sk. rouge.

*Même enveloppe, valeur indiquée seulement par un chiffre en* ○

4 skilling rouge.

> NOTA : 96 rigsbank skilling = 2 fr. 85 c.

# SCHLESWIG-HOLSTEIN (Duchés de).

**TIMBRES.**

15 novembre 1850 – 1 février 1851. *Aigle à deux têtes, au milieu les armoiries en R. bl.* — ○ — *Lettres S.H. dans les angles supérieurs.* — C. — PVB. (Dick.) — Ty. — ☐

1 schilling bleu, 2 sch. rose.

> NB. Ces timbres ont été en usage pendant la guerre de Schleswig-Holstein (1848-1850); on s'est servi jusqu'en 1864 des timbres danois, et à partir de cette époque jusqu'en mars 1865 de timbres spéciaux aux duchés de Schleswig et de Holstein.

Mars 1865 – 31 octobre 1865. *Nom, valeur en* ○ *en R. bl.* — C. — PB. — Ty. — ○ — pe. li.

1/2 schilling carmin, 1¼ sch. vert, 1⅓ sch. (1 sgr.) lilas, 2 sch. bleu. 4 sch. (3 sgr.) bistre.

> NOTA. Remplacés, à partir du 1ᵉʳ novembre 1865, par des timbres spéciaux aux duchés de Schleswig et de Holstein.

# SCHLESWIG (Duché de).

**TIMBRES.**

1 avril 1864. *Inscription (Herzogth. Schleswig), valeur en R. bl. en* ○ — C. — PMB. — Ty. — ○ — pe. li.

4 schilling rose.

> NOTA. Schilling de Danemark.

Avril 1864-mars 1865. *Inscription (Herzogth. Schleswig), valeur
en R. bl. —* C *— C. — PMB. — Ty. —* O *— pe. li.*

1¼ schilling vert.

> NOTA. Schilling de Hambourg.
>
> A partir de mars 1865, ces timbres ont été remplacés par ceux
> de Schleswig-Holstein.

1 novembre 1865. *Inscription (Herzogth. Schleswig), valeur en R. bl.
en* O *— C. — PMB. — Ty. —* O *— pe. li.*

½ schilling vert. 1¼ sch. lilas, 1⅓ sch. (1 sgr.) rose, 2 sch. bleu
outremer, 4 sch. bistre.

# HOLSTEIN (Duché de).

**TIMBRES.**

Mars 1864. *Inscription (Hrzgl. Post Frm.), valeur (1¼ schilling crt.)
en* ⬜ *— C. — PMB. — Ty. —* ⬜

1¼ schilling bleu de ciel (sur guillochage gris très-pâle).

> NOTA. Schilling de Hambourg.

Mai 1864. *Même timbre (valeur en caractères plus maigres).*

1¼ schilling bleu de ciel, 1¼ sch. bleu.

*Même timbre. —* pe. li.

1¼ schilling bleu.

Juillet 1864-mars 1865. *Timbre semblable. Inscription (HRZGL Post
FRMRK; en bas :* 1½ S. L. M. *— C. — PMB. — pe. li.*

1¼ schilling crt. bleu de ciel (avec guillochage rose pâle).

> NB. A partir de mars 1865, ces timbres ont été remplacés par
> ceux de Schleswig-Holstein.

1 novembre 1865. *Inscription (Herzogth. Holstein), valeur en* R. bl.
*en* O *— C. — PMB. — Ty. —* O *— pe. li.*

½ schilling vert, 1¼ sch. lilas, 1⅓ sch. (1 sgr.) rose, 2 sch. bleu
outremer, 4 sch. (3 sgr.) bistre.

Janvier 1866. *Nom, valeur en chiffre plus grand en* R. bl. *en* O *—
C. — PMB. — Ty.* O *— pe. li.*

1¼ schilling lilas, 2 sch. bleu.

---

# OLDENBOURG (Grand-duché de).

**TIMBRES.**

1852. *Nom (Oldenburg), valeur en chiffres dans un écusson surmonté des armoiries. — N. — PC. — Li —* ⬜

⅓ silbergroschen vert (1855), 1/30 thaler bleu, 1/15 thaler rose,
1/10 thaler jaune.

1860. *Nom, armoiries dans un écusson surmonté d'une couronne, en O, de chaque côté la valeur en chiffres.* — N. — PC. — Li. — □

$\frac{1}{3}$ groschen vert, 1 gr. bleu, 2 gr. rose, 3 gr. jaune.

1861. *Mêmes timbres.* — C. — PMB. — Li. — □

$\frac{1}{4}$ groschen orange foncé, $\frac{1}{3}$ gr. vert, $\frac{1}{3}$ gr. vert clair, $\frac{1}{2}$ gr. brun, 1 gr. bleu, 2 gr. brique rouge, 3 gr. jaune.

NB. Il existe des exemplaires du $\frac{1}{3}$ groschen vert clair qui ont : OLDEIBURG; d'autres dont les lettres soit O, soit G ont presque disparu par suite de transports mal faits.

1862. *Nom, armoiries en* R. bl. en O — C. — PMB. — Ty. — C — pe. li.

$\frac{1}{3}$ groschen vert, $\frac{1}{2}$ gr. rouge orangé, 1 gr. rose, 2 gr. bleu, 3 gr. bistre.

### ENVELOPPES.

1861. *Nom, armoiries en* R. bl. — C. — PMB. — O — G. — Inscription bleue.

$\frac{1}{2}$ groschen brun, 1 gr. bleu, 2 gr. rose, 3 gr. jaune.

Février 1862. *Même timbre.* — D. — Inscription bleue.

$\frac{1}{2}$ gr. jaune-orange, 1 gr. rose, 2 gr. bleu outremer, 3 gr. bistre foncé.

# MECKLEMBOURG-SCHWÉRIN (Grand-duché de).

### TIMBRES.

1 juillet 1856. *Nom (Mecklenburg-Schwerin), armoiries* (tête de bœuf). — C. — PMB. — Ty. — □

$\frac{4}{4}$ schilling rouge (composé de 4 petits timbres de $\frac{1}{4}$ sch.), 3 sch. jaune, 5 sch. bleu.

Juin 1864. *Même timbre,* pe. li.

5 schilling brun.

Novembre 1864. *Mêmes timbres,* pe. li.

$\frac{4}{4}$ schilling rouge, 3 sch. jaune.

1865. *Timbre semblable,* pe. li.

$\frac{4}{4}$ schilling rouge (tête de bœuf sur fond uni).

Octobre 1866. *Nom (Mecklenburg-Schwerin), armoiries.* — C. — PMB. — Ty. — □ — pe. li.

2 schilling violet.

**ENVELOPPES.**

1856. *Nom, armoiries en* R. bl. — C. — PMB. — Ty. — O — G. —
Inscription rouge en gros caractères.

1 schilling rouge, 1¹/₂ sch. vert, 3 sch. jaune, 5 sch. bleu.

*Même enveloppe.* — Inscription rouge en petits caractères.

1 schilling rouge, 1¹/₂ sch. vert, 3 sch. jaune, 5 sch. bleu.

1864. *Même timbre.* — Inscription rouge.

1 schilling vermillon, 5 sch. brun.

Septembre 1866. *Même timbre.* — Inscription rouge.

2 schilling violet.

Nota : 48 schilling = 1 thaler égal au thaler de Prusse.

---

# MECKLEMBOURG-STRÉLITZ (Grand-duché de).

1 octobre 1864. *Nom* (*Mecklenb.-Strelitz*). *armoiries en* R. bl.
en ☐ — C. — PB. — Ty. — ☐ — pe. li.

¹/₄ silbergroschen orangé. ¹/₃ sgr. vert, 1 schilling violet.

1 octobre 1864. *Même timbre.* — Oct. — pe. li.

1 silbergroschen rose, 2 sgr. bleu, 3 sgr. bistre.

Juin 1865. *Même timbre,* pe. li.

¹/₄ silbergroschen vermillon.

**ENVELOPPES.**

1 octobre 1864. *Nom. armoiries en* R. bl. — C. — PB. — Ty. — Oct. — D.
— Inscription brune.

1 silbergroschen rose. 2 sgr. bleu, 3 sgr. bistre.

---

# HAMBOURG (Ville libre de).

**TIMBRES.**

1 janvier 1859. *Nom* (*Hamburg*). *armoiries de Hambourg, au milieu desquelles la valeur en chiffres.* — C. — PVB.
(Fil: *serpentin.*) — Ty. — ☐

¹/₂ schilling noir. 1 sch. brun, 2 sch. rouge, 3 sch. bleu, 4 sch. vert,
7 sch. orange. 9 sch. jaune.

Avril 1864. *Timbres semblables.* — C. — PMB. — Li. — ☐

1¹/₄ schilling lilas pâle, 1¹/₄ sch. violet pâle, 2¹/₂ sch. vert.

Octobre 1864. *Mêmes timbres*, pi. 13½.

½ schilling noir, 1 sch. brun, 2 sch. rouge, 3 sch. bleu, 4 sch. vert, 7 sch. orange, 9 sch. jaune.

1865. *Mêmes timbres*, pi. 13½.

3 schilling bleu outremer, 7 sch. violet.

*Mêmes timbres*, pi. 13½.

1¼ schilling lilas, 2½ sch. vert, 2½ sch. vert-jaune.

1866. *Nom (Hamburg), armoiries au milieu desquelles la valeur en chiffres en* R. bl. — C. — PB. — Ty. — Oct. — pe. li.

1½ schilling carmin.

*Même timbre,* pe. li.

1¼ schilling lilas.

### ENVELOPPES.

1866. *Nom, armoiries au milieu desquelles la valeur en chiffres en* R. bl. — C. — PB. — Ty. — Oct. — D.

½ schilling noir, 1¼ sch. lilas, 1½ sch. carmin, 2 sch. orange, 3 sch. bleu, 4 sch. vert, 7 sch. violet.

1867. *Mêmes timbres.* — PVB. (Fil: *armes de Hambourg*).

½ schilling noir, 4 sch. vert d'eau.

### Entreprises particulières.

Hamer & Comp.

### ENVELOPPES.

*Nom (C. Hamer & Comp. Hamburger Boten-Institut). Valeur en chiffres en* R. bl. *entourée d'un collier.* — C. — PMB. — Ty. — Au revers des enveloppes.

½ schilling rouge, ½ sch. rose.

*Même timbre,* papier jaune.

½ schilling rouge, ½ sch. rose.

1865. *Timbre analogue.* — C. (rouge). — Ty. — Au revers des enveloppes.

½ schilling blanc, ½ sch. jaune.

NB. L'émission de 1865, faite pour satisfaire aux demandes des collectionneurs, et non à un besoin sérieux, n'offre pas d'intérêt réel.

**TIMBRES.**

*Nom (C. Hamer & Comp. Hamburger Boten-Institut). Valeur en chiffres en* ○ *—* N. *— PMC. — Li. —* ▢

½ schilling bleu, chair, gris clair, jaune, jaune orangé, vert foncé, vert clair, rose.

**Réimpression :** ½ schilling bistre, bistre clair, brun, brun foncé, jaune pâle, orangé, vert, vert grisâtre, vert jaunâtre, violet.

H. SCHEERENBECK.

1862. *Nom (H. Scheerenbeck, Institut Hamburger Boten), armoiries de Hambourg, sans indication de valeur. —* N. *— PMC. — Li. — Grand* ▢

Bleu clair, bistre, bistre clair, brun, chair, jaune orangé, rose pâle, lilas, vert, vert grisâtre.

**Réimpression :** Bleu, brun pâle, jaune, jaune pâle, rose, rose vif, vert foncé, vert jaunâtre, violet, violet pâle.

**Essai :** 1863. *Nom (H. Scheerenbeck, Institut Hamburger Boten), facteur. —* N. *— PMC. — Li. — Petit* ▢

Bleu, bleu clair, jaune, jaune clair, gris, vert, brun, brun très-clair, rose, violet.

**Réimpression :** Bistre pâle, brun foncé.

1863. *Nom (H. Scheerenbeck, Institut Hamburger Boten, Vereinigte Corporationen). Valeur en chiffres. —* N. *— PMC. — Li. — Petit* ▢

½ schilling bleu, bleu foncé, brun, incarnat, jaune, vert, lilas, rose, rose clair, violet.

1 schilling bleu, bleu foncé, brun, incarnat, jaune, vert, lilas, rose, rose clair, violet.

**Réimpression :** ½ schilling violet pâle, gris foncé, orangé ; 1 sch. violet pâle, gris foncé, orangé.

*Nom (C. van Diemen, Hamburg), inscription (Brief-Packet-Güter-expedition), chiffre. —* C. *— PB. — Li. —* ▢ *— pi. 12.*

1 schilling lilas, 2 sch. ocre, 3 sch. lie de vin, 4 sch. vert, 6 sch. bleu, 8 sch. brique.

Th. Lafrenz.

1863. *Nom (Verein Hamburger Boten, Th. Lafrenz). Valeur en chiffres.*
— N. — PC. — Li. — □

¹/₂ schilling (10 sortes).
1 schilling (10 sortes).

> Nota. Un lithographe très-ingénieux de Hambourg a fait faire ces timbres pour les vendre aux collectionneurs; il n'existe pas d'entreprise de facteurs Lafrenz; ces timbres ne doivent donc pas faire partie des collections.
>
> La même observation s'applique aux timbres de l'*Institut Hamburger Boten* de *W. Krantz* et *Hamonia*.
>
> Il convient d'ajouter que les variétés infinies des timbres authentiques de Hamer et de Scheerenbeck n'ont aucune valeur sérieuse, puisqu'une seule nuance de chaque espèce aurait suffi pour l'usage auquel ils sont destinés.

# LUBECK (Ville libre de).

**TIMBRES.**

1 janvier 1859. *Nom (Lübeck), armoiries de Lubeck (aigle à deux têtes), valeur en chiffres dans les 4 coins.* — C. — PVB. (Fil: *semis de fleurs à 5 pétales*). — Li. — □

¹/₂ schilling violet, 1 sch. jaune-orange, 2 sch. brun, 2¹/₂ sch. laque rouge, 4 sch. vert foncé.

1862. *Mêmes timbres.* — PMB.

¹/₂ schilling lilas, 1 sch. jaune. 2 sch. brun. 2¹/₂ sch. laque rouge. 4 sch. vert foncé.

**Variété.** 2 schilling brun (au côté gauche se trouve l'inscription: *Zwei und ein halber Schilling*).

1 juillet 1863. *Nom (Luebeck), aigle à deux têtes en R. bl.* — C. - PMB. — Ty. — C — pe. li.

¹/₂ schilling vert, 1 sch. orange, 2 sch. rose, 2¹/₂ sch. bleu, 4 sch. bistre.

Mai 1864. *Nom, armoiries.* — C. — PMB. — Li. — ○

1¹/₄ schilling brun.

1866. *Nom (Luebeck), aigle à deux têtes en C en R. bl.* — C. — PB. — Ty. — □ — pe. li.

1¹/₂ schilling lilas.

**ENVELOPPES.**

1 juillet 1863. *Nom (Luebeck), aigle à deux têtes en* R. bl. — C. — PMB. — Ty. — ◌ — G. — Inscription brune.

¹/₂ schilling. vert. 1 sch. orange, 2 sch. rose, 2¹/₂ bleu, 4 sch. bistre.

1865. *Mêmes timbres.* — D. — Inscription brune.

¹/₂ schilling vert, 1 sch. orange, 2 sch. rose, 2¹/₂ sch. bleu, 4 sch. bistre.

1866. *Nom, aigle à deux têtes en* ◌ *en* R. bl. — C. — PB. — Ty. — Oct. — D. — Inscription bistre.

1¹/₂ schilling lilas.

> NOTA. Sur les feuilles de timbres-poste se trouve, comme marque de contrôle, une empreinte ronde aux armes de Lubeck, portant l'inscription: *Stadtpostamt Lübeck.* — Quelques collectionneurs ont pris cette empreinte pour un timbre d'enveloppe.

---

# BERGEDORF (Ville de).

### (Possession commune de Lubeck et de Hambourg.)

**TIMBRES.**

1 novembre 1861. *Nom, moitié des armoiries de Lubeck et moitié de celles de Hambourg.* — N. — PMC. — Li. — ☐
(La grandeur des timbres augmente avec leur valeur.)

¹/₂ schilling violet, 3 sch. rose.

10 novembre 1861. *Mêmes timbres.*

¹/₂ schilling bleu, 1 sch. blanc, 1¹/₂ sch. jaune, 4 sch. brun clair.

10 novembre 1861. *Même timbre.* — C. — PMC. — Li. — ☐

3 schilling bleu sur papier rose.

---

# BRÊME (Ville libre de).

**TIMBRES.**

1855. *Nom, armoiries de la ville dans un écusson; de chaque côté la valeur en chiffres.* — N. — PVC. — Ty. — ☐

Poste locale. 3 grote gris (pour Bremerhafen).

*Mêmes timbres.* — PMC.

5 grote rose, 7 grote jaune (1860).

*Nom, armoiries de la ville dans un ovale.* — C. — PMB. — Ty. — ☐

5 silbergroschen vert.

**1861.** *Nom, armoiries de la ville dans un ovale avec cadre ondulé.*
— N. — PMB. — Ty. — ☐ — pe. sc.

10 grote blanc.

**1862.** *Mêmes timbres,* pe. sc.

5 grote rose.

**1863.** *Nom (Stadtpost-Amt Bremen), armoiries de la ville dans un ovale.* — C. — PB. — Ty. — ☐ — pe. sc.

2 grote orange.

**1864.** *Mêmes timbres,* pe. sc.

3 grote gris, 5 silbergroschen vert.

**1866.** *Même timbre,* pi. 13.

3 grote gris.

**1867.** *Mêmes timbres.* — pi. 13.

2 grote orange, 2 gr. jaune, 5 gr. rose pâle, 5 sgr. vert jaunâtre.

### ENVELOPPES.

**1861.** *Nom, armoiries de la ville (couronne et clef) dans un écusson, sans indication de valeur; le mot:* Franco, *imprimé à la main au bas, dans un ovale.* — N. — ☐ — G.

Papier blanc. — Papier bleuâtre. — (Poste locale.)

(La valeur est de 1 grote.)

*Même timbre, avec les armoiries, sans le mot:* Franco.

Papier blanc.

Nota. 72 grote = 4 fr. 12 c.

# PRUSSE (Royaume de).

### TIMBRES.

15 novembre 1850. *Tête du roi Frédéric-Guillaume IV, à d.* (1er type), *champ burelé.* — N. — PVC. (Fil: *couronne de lauriers.*) — Ty. — ☐

1 silbergroschen rose, 2 sgr. bleu, 3 sgr. jaune-paille, 3 sgr. jaune.

15 novembre 1850. *Même timbre.* — C. — PVB. (Même fil.) — Ty. — ☐

6 pfennige rouge.

1 mai 1856. *Même timbre*. — C. — PVB. (Même fil.)

    4 pfenninge vert foncé.

1 janvier 1857. *Même timbre, tête du roi (2e type), champ uni.* —
    C. — PMB. — Ty. — ☐

    1 silbergroschen rose, 2 sgr. bleu, 3 sgr. jaune-orange, 3 sgr. jaune.

*Même timbre, champ burelé.* — C. — PMB. (*Faiblement gaufré en* R.)

    4 pfenninge vert, 1 silbergroschen rose, 2 sgr. bleu, 3 sgr. jaune.

1858. *Même timbre, champ burelé.* — C. — PMB.

    4 pfenninge vert clair, 1 silbergroschen rose, 2 sgr. bleu, 3 sgr.
        jaune-orange.

*Même timbre, tête du roi (1er type).* — C. — PMB. (*Faiblement
    gaufré en* R.)

    6 pfennige vermillon.

*Même timbre.* — C. — PMB.

    6 pfennige vermillon.

1 octobre 1861. *Nom (Preussen), armoiries (aigle prussienne) en*
    R. bl. — C. — PB. — Ty. — Oct. — pe. li.

    4 pfennige vert, 6 pf. minium.

1 octobre 1861. *Même timbre.* — ◯ — pe. li.

    1 silbergroschen rose, 2 sgr. bleu, 3 sgr. brun clair.

1 avril 1865. *Même timbre.* — Oct. — pe. li.

    3 pfennige violet.

**Variété :** *Même timbre,* pe. li.

    2 silbergroschen brun.

> NOTA. En composant une planche de timbres de 3 sgr., l'imprimeur y aura fait entrer par erreur un cliché de 2 sgr.

### Réimpression de 1864.

15 novembre 1850. *Mêmes timbres (1er type).* — PM.

    4 pfennige vert foncé, 6 pf. vermillon, 1 silbergroschen rose,
        2 sgr. bleu, 3 sgr. jaune.

> NOTA. Il est facile de reconnaître cette réimpression par l'absence du filigrane. Ces timbres ont eu cours à la poste.

### Tirage de fantaisie.

*Timbres de 1857. (2e type), champ uni.* — C. — PMB. — Ty. — ☐

    1 silbergroschen carmin, 2 sgr. bleu outremer, 3 sgr. jaune.

1858. *Mêmes timbres (2e type)*. — C. — PMB.

4 pfennige vert foncé, 1 sgr. rose, 2 sgr. bleu, 3 sgr. jaune.

Mars 1864. *Timbres analogues à ceux du 15 novembre 1850.* — C. — PMB.

4 pfennige vert foncé, 6 pf. vermillon, 1 silbergroschen rose vif, 2 sgr. bleu vif, 3 sgr. jaune vif.

> NOTA. Il y a lieu de mentionner ici les timbres: Berlin, Stadt-express: ¼ rose, 1 lilas, 2 vert. — Ces timbres sont une véritable tromperie d'invention hambourgeoise.

## TIMBRES SPÉCIAUX.

1866. *Nom, valeur en chiffres blancs sur fond formé par la valeur en toutes lettres en caractères microscopiques indéfiniment répétés, encadrement orné.* — C. - Tiré au revers sur baudruche. — Ty. — ( ) — pe. li.

10 silbergroschen rose en ⊃, 30 sgr. bleu en ( )

## ENVELOPPES.

15 septembre 1851. *Tête du roi, à d. en R. bl.* — C. — PB. (Dick.) — Ty. — les trois premières ◯, les autres oct. — G.

1 silbergroschen rose, 2 sgr. bleu, 2 sgr. bleu clair, 2 sgr. bleu foncé, 3 sgr. jaune, 4 sgr. brun, 5 sgr. lilas, 5 sgr. violet, 6 sgr. vert, 7 sgr. rouge.

1857. *Mêmes timbres.* — C. — PMB. — Ty. — G. — Inscription noire.

1 silbergroschen rose, 2 sgr. bleu, 2 sgr. bleu clair, 2 sgr. bleu foncé, 3 sgr. jaune, 3 sgr. jaune orange, 4 sgr. brun.

*Même timbre.* — C. — PMA.

1 sgr. rose.

1 octobre 1861. *Nom, aigle en R. bl.* — C. — PMB. — Ty. — ◯ — D. — Inscription noire.

1 silbergroschen rose, 2 sgr. bleu terne, 2 sgr. bleu outremer, 3 sgr. brun clair.

1862. *Même timbre, inscription noire en travers du timbre.*

1 silbergroschen rose, 2 sgr. bleu outremer, 3 sgr. brun clair.

**Réimpression de 1864.**

15 septembre 1851. *Mêmes timbres.* — PB. sans le fil de soie et sans inscription.

4 silbergroschen brun, 5 sgr. lilas, 6 sgr. vert, 7 sgr. rouge.

1857. *Mêmes timbres.* — PB. — Inscription noire.

1 silbergroschen rose, 2 sgr. bleu outremer, 3 sgr. jaune.

> Il est presque impossible de distinguer les enveloppes origi-
> nales de 1 sgr. et 3 sgr., et celles réimprimées. La réimpression
> a eu cours à la poste.

Nota. Les duchés d'Anhalt-Dessau-Bernbourg, le district d'Allstädt (grand-duché de Saxe-Weimar), la principauté de Birkenfeld (grand-duché d'Oldenbourg), les districts de Frankenhausen et de Schlotheim (Schwarzbourg-Rudolstadt) et la principauté de Waldeck se servent des timbres prussiens.

**Entreprise particulière.**

Ville de Breslau.

Mars 1867. *Inscription* (Breslau, Dienstmann's Institut), *valeur au centre en* ○, *encadrement fleuronné.* — N. — PC. — Li.— ☐ — pi. 13.

½ silbergroschen jaune, 1 sgr. rose, 1½ sgr. vert, 2 sgr. bleu foncé, 2½ sgr. orange, 5 sgr. violet.

# HANOVRE (Royaume de).

1 décembre 1850. *Nom (Hannover), valeur en chiffres dans un écusson surmonté des armes du royaume.* — N. — PVC. — Ty. — ☐

1 guter groschen bleu pâle.

> Nota. La direction générale des postes du Hanovre ne retrouve
> dans ses archives aucune mention d'avoir commandé un tirage
> du timbre de 1 guter groschen bleu, qui a cependant incontesta-
> blement existé et été en usage.

Août 1851. *Mêmes timbres.* — PVC. (Fil: *couronne.*)

1 guter groschen vert, $\frac{1}{30}$ thaler rouge pâle, $\frac{1}{30}$ thlr. rose, $\frac{1}{15}$ thlr. bleu, $\frac{1}{10}$ thlr. jaune.

15 avril 1853. *Nom, valeur en chiffres surmontée d'une couronne dans un ovale.* — C. — PVB. (Fil: *couronne de lau-riers.*) — Ty. — ☐

3 pfennige rose brun.

1 janvier 1856. *Nom, valeur en chiffres dans un écusson. — N. — PB. avec burelage en couleur. — Ty. —* ☐

1 guter groschen vert, $\frac{1}{30}$ thlr. rose, $\frac{1}{15}$ thlr. bleu, $\frac{1}{10}$ thlr. jaune-orange.

*Mêmes timbres, burelage très-serré.*

1 guter groschen vert, $\frac{1}{30}$ thaler rose, $\frac{1}{15}$ thlr. bleu, $\frac{1}{10}$ thlr. jaune orangé. $\frac{1}{10}$ thlr. jaune pâle.

> Nota. Nous n'avons vu jusqu'ici d'exemplaires oblitérés de ce burelage très-serré que pour le $\frac{1}{10}$ thaler; les autres timbres sont donc probablement une réimpression ou des essais.

1 janvier 1856. *Nom, valeur en chiffres dans un ovale surmonté d'une couronne. — C. — PB. avec burelage noir. — Ty. —* ☐

3 pfennige rose.

*Même timbre, burelage très-serré.*

3 pfennige rose.

> Nota. Sans doute un essai.

1859. *Même timbre sans burelage. — C. — PMB.*

3 pfennige rose.

1859. *Nom, figurine (Georges V) à g. — C. — PMB. — Ty. —* ☐

1 groschen rose. 2 gr. bleu. 3 gr. jaune, 10 gr. vert (1861).

1859. *Même timbre que 1851.*

1 guter groschen vert.

> Remis momentanément en usage.

1 avril 1860. *Nom, cor de chasse surmonté d'une couronne. — N. — PMB. — Ty. —* ☐

$\frac{1}{2}$ groschen.

Novembre 1861. *Nom, figurine à g. — C. — PMB. — Ty. —* ☐

1 groschen rose clair. 2 gr. bleu foncé. 3 gr. brun.

1 janvier 1864. *Nom, valeur en chiffres dans un ovale surmonté d'une couronne; en tête, l'inscription:* Drei Zehntel Groschen. *— PMB.*

3 pfennige vert.

Juin 1864. *Mêmes timbres, pe. a.*

3 pfennige vert (valeur). 1 groschen rose (fig.). 3 gr. brun.

1865-1866. *Même timbre, pe. a.*

$\frac{1}{2}$ groschen noir (valeur). 2 gr. bleu (figurine).

> Nota. Remplacés par les timbres et enveloppes prussiens.

### Réimpression de 1863.

Décembre 1858. *Inscription (Bestellgeld frei), cor de chasse surmonté d'une feuille de trèfle en R. — Sur papier jaune. — C. — Ty. —* ○

Vert.

> NOTA. Nous supposons que ce timbre, qui reproduit exactement l'enveloppe originale de décembre 1858, aura été tiré en vue des collectionneurs, car nous ne savons à quoi il pourrait servir, en présence du timbre connu de $\frac{1}{2}$ groschen, émis en avril 1860.

### Réimpression de 1864.

Août 1851. *Nom, valeur en chiffres dans un écusson surmonté des armes du royaume. — N. — PC. — Ty. —* □

1 guter groschen gris bleu.

1854. *Mêmes timbres. — N. — PB. avec burelage en couleur.*

1 guter groschen vert, $\frac{1}{30}$ thaler rose, $\frac{1}{15}$ thlr. bleu, $\frac{1}{10}$ thlr. jaune orangé.

1854. *Mêmes timbres. — C. — PB. avec burelage noir.*

3 pfennige rose.

> NOTA. Gommés à la gomme blanche, au lieu de la gomme rose des timbres originaux.

### ENVELOPPES.

15 mai 1849. *Inscription (Bestellgeld frei), en bleu; au revers, inscriptions en noir. — PB. — Ty. —* Grand ▭

Blanc (3 pfennige).

1850. *Inscription (Bestellgeld frei), encadrement rectangulaire de vignettes. — N. — PMC. — Ty. —* Grand ▭

Jaune clair (4 pfennige).

1850. *Même timbre, avec une légère différence dans la vignette inférieure de gauche.*

Jaune clair (4 pfennige).

15 avril 1857. *Nom, tête du roi, à g., R. bl. — Au bas, la valeur en chiffres. — C. — PMB. — Ty. —* ○ *— G. — Inscription verte.*

1 guter groschen vert. 1 silbergroschen rose. 2 sgr. bleu. 3 sgr. jaune.

Décembre 1858. *Inscription (Bestellgeld frei), cor de chasse surmonté d'une feuille de trèfle en R. sur papier jaune.* — C. — Ty. — ◯ — G.

Vert. (¹/₂ groschen.)

Poste locale de la ville de Hanovre.

Octobre 1858. *Nom, tête du roi, en R. bl.; des deux côtés, la valeur en chiffres.* — G. — Inscription verte.

1 groschen rose, 2 gr. bleu, 3 gr. jaune.

1862. *Même timbre.* — D. — Inscription verte.

1 groschen rose, 2 gr. bleu, 3 gr. brun.

1862. *Inscription (Bestellgeld frei), cheval en R. sur papier jaune.* — C. — Ty. — ◯ — D.

Vert. (¹/₂ groschen.)

1864. *Même timbre (Bestellgeld frei), cheval en R. sur papier jaune.* — C. — Ty. — ◯ — G.

Vert. (¹/₂ groschen.)

1864-1866. *Nom, tête du roi, en R. bl.* — G. — Inscription verte.

1 groschen rose, 2 gr. outremer, 3 gr. brun.

Nota. L'enveloppe de 1 groschen se distingue de celle correspondante de 1860 par une légère différence dans la nuance de l'inscription et le rose, qui est très-pâle.

---

# BRUNSWICK (Duché de).

**TIMBRES.**

1 janvier 1852. *Nom (Braunschweig), armoiries (cheval couronné à g.) en ◯* — C. — PB. — Ty. — C.

1 silbergroschen rose, 2 sgr. bleu, 3 sgr. rouge.

Mars 1853. *Même timbre.* — N. — PVC. (Fil: *cor de poste*). — Ty. — C.

1 silbergroschen orange, 1 sgr. jaune, 1 sgr. nankin, 2 sgr. bleu foncé, 3 sgr. rose.

Mars 1856. *Mêmes timbres.* (Fil: *cor de poste.*)

¹/₄ silbergroschen brun, ¹/₄ sgr. brun jaunâtre, ¹/₃ sgr. blanc.

Février 1857. *Valeur en chiffres (¹/₄) surmontée d'une couronne.* — ◯ — N. — PVC. (Fil: *cor de poste*). — Ty. — Petit C.

4/4 guter groschen brun (divisible à volonté en 1 à 4 timbres).

1862. *Même timbre que ceux de* 1852. — C. — PVB. (Fil: *cor de poste*). — Ty. — ▭

3 silbergroschen rose brunâtre.

1863. *Même timbre que ceux de* 1856. — N. — PVC. (Fil: *cor de poste*). — Ty. — ▭

½ silbergroschen vert.

1865. *Mêmes timbres.* — C. — PVB. (Fil: *cor de poste*). — pe. a.

1 silbergroschen jaune, 3 sgr. rose.

*Mêmes timbres,* N. — PVC. (Fil: *cor de poste*). — pe. a.

⅓ silbergroschen blanc, ½ sgr. vert (pi. 12, puis pe. li.), 2 sgr. bleu.

1 novembre 1865. *Nom et armoiries (cheval couronné à g.) en* ○

*en* R. bl. — C. — PB. — Ty. — ○ — pe. a.

⅓ groschen noir, 1 gr. rose, 2 gr. bleu, 3 gr. bistre.

**ENVELOPPES.**

Juillet 1855. *Armoiries en* R. bl. — C. — PB. — Ty. — ○ — G. — Inscription bleue.

1 silbergroschen jaune, 2 sgr. bleu pâle, 3 sgr. rose pâle.

*Même timbre, couleurs plus vives.*

1 silbergroschen jaune, 1 sgr. orange, 2 sgr. bleu outremer, 3 sgr. rose.

1865. *Nom et armoiries en* ○ *en* R. bl. — C. — PB. — Ty. — ○ — D. — Inscription bleue.

1 groschen rose, 2 gr. bleu, 3 gr. bistre.

*Inscription (St. P. Fr.)* ○, *frappée à la main, sans indication de valeur, dans l'angle inférieur de gauche des enveloppes.* — Impression à la main. — Papier de diverses couleurs.

Brun rouge (poste locale de la ville de Brunswick).

---

# THURN et TAXIS (Administration des postes de).

## États de l'Allemagne du Nord (comptant par thaler).

### 1852-1867.

Hesse électorale; grand-duché de Saxe-Weimar-Eisenach; grand-duché de Saxe-Cobourg-Gotha; principautés de Lippe-Detmold, Schaumbourg-Lippe, Reuss (branche aînée). Reuss (branche cadette), Schwarzbourg-Sondershausen; villes libres de Brême, Hambourg et Lubeck.

**TIMBRES.**

1852. *Nom, valeur en chiffres en* □ — N. — PC. — Ty. — □

¹/₄ silbergroschen chocolat clair, ¹/₃ sgr. chair (1858), ¹/₂ sgr. vert clair, 1 sgr. bleu foncé, 1 sgr. bleu clair, 2 sgr. rose, 3 sgr. jaune.

1859. *Mêmes timbres.* — C. — PB. — Ty. — □

¹/₄ silbergroschen brun rouge, ¹/₂ sgr. vert clair, 1 sgr. bleu clair, 2 sgr. rose, 3 sgr. brun, 5 sgr. lilas, 10 sgr. vermillon.

1862. *Mêmes timbres.*

¹/₃ silbergroschen vert, ¹/₂ sgr. orange, ¹/₂ sgr. jaune-orange, 1 sgr. rose.

1863. *Même timbre.*

3 silbergroschen bistre brun. 3 sgr. bistre jaune.

1864. *Même timbre.*

¹/₄ silbergroschen noir, 2 sgr. bleu clair.

1866. *Mêmes timbres.* pe. li.

¹/₄ silbergroschen noir, ¹/₃ sgr. vert, ¹/₂ sgr. jaune-orange. 1 sgr. rose, 2 sgr. bleu, 3 sgr. bistre.

1866. *Mêmes timbres,* pi. 12.

5 silbergroschen lilas. 10 sgr. vermillon.

1866. *Mêmes timbres,* pe. par.

5 silbergroschen lilas, 10 sgr. vermillon.

**ENVELOPPES.**

1861. *Nom (Thurn und Taxis), valeur en chiffres en* R. bl. — C. — PB. — Ty. — ○ — D. — Inscription lilas.

¹/₂ silbergroschen jaune-orange. 1 sgr. rose, 2 sgr. bleu, 3 sgr. brun clair.

1862. *Même timbre, avec inscription de la couleur du timbre.* — D.

¹/₂ silbergroschen jaune-orange, ¹/₂ sgr. jaune rougeâtre, 1 sgr. rose pâle. 1 sgr. rose carmin, 2 sgr. bleu, 2 sgr. bleu outremer, 3 sgr. bistre. 3 sgr. chocolat clair.

Nota. Toutes ces enveloppes, imprimées à Berlin, portent à la patte de l'enveloppe un fleuron en Rel.

Mars 1866. *Même timbre.* — Inscription de la couleur du timbre. — D. ¹/₄ silbergroschen noir. 1 sgr. rose.

Nota. Imprimé à Francfort et portant à la patte en Rel. un cor de poste dans une gloire.

## États de l'Allemagne du Sud (comptant par florin).
### 1852 - 1867.

Grand-duché de Hesse; principautés de Hohenzollern-Hechingen et Hohenzollern-Sigmaringen (Prusse); grands-duchés de Nassau, Saxe-Meiningen, Saxe-Cobourg-Gotha; principauté de Schwarzbourg-Rudolstadt; landgraviat de Hesse-Hombourg et ville libre de Francfort.

### TIMBRES.

1850. *Nom, valeur en chiffres en* ◯ — N. — PC. — Ty. — ▢
 1 kreuzer vert, 3 kr. bleu clair, 3 kr. bleu foncé, 6 kr. rose, 9 kr. jaune.

1859. *Mêmes timbres.* — C. — PB. — Ty. — ▢
 1 kreuzer vert, 3 kr. bleu, 6 kr. rose, 9 kr. jaune, 15 kr. lilas, 30 kr. minium.

1862. *Même timbre.*
 3 kreuzer rose, 3 kr. brun rose, 6 kr. bleu, 9 kr. brun clair.

1865. *Même timbre*, pc. li.
 1 kreuzer vert, 3 kr. rose, 6 kr. bleu, 9 kr. bistre.

1866. *Mêmes timbres*, pc. par.
 15 kreuzer lilas, 30 kr. minium.

Décembre 1866. *Même timbre*, pc. col.
 1 kreuzer vert, 3 kr. rose, 6 kr. bleu, 9 kr. bistre.

### ENVELOPPES.

1861. *Nom, valeur en chiffres en* R. bl. — C. — PB. — Ty. — Oct. — D. — Inscription lilas.
 2 kreuzer jaune, 3 kr. rose, 6 kr. bleu, 9 kr. brun clair.

1862. *Mêmes timbres, avec inscription de la couleur du timbre.*

2 kreuzer jaune, 3 kr. rose, 6 kr. bleu, 6 kr. bleu outremer, 9 kr. brun clair.

> NOTA. Le tirage de 1864 a les couleurs plus vives; les deux tirages imprimés à Berlin portent à la patte de l'enveloppe un fleuron en Rel.

1865. *Mêmes timbres avec inscription de la couleur du timbre.*

1 kreuzer vert, 1 kr. vert bleu, 2 kr. jaune, 3 kr. rose, 6 kr. bleu outremer, 9 kr. brun clair.

> NOTA. Imprimés à Francfort et ayant à la patte en Rel. un cor de chasse dans une gloire.

> NOTA. Nous trouvons dans un journal allemand la mention d'une première émission de l'enveloppe de 3 kreuzer rose, imprimée en ovale, qui aurait été retirée presque immédiatement, pour éviter qu'elle soit confondue avec l'enveloppe de 1 groschen.

---

# SAXE (Royaume de).

NOTA. Le duché de Saxe-Altenbourg se sert des timbres saxons.

## TIMBRES.

1850. *Nom (Sachsen), valeur en chiffres.* — C. — PB. — Ty. — ☐

3 pfennige rouge, 3 pf. rose.

1850. *Nom, tête du roi Frédéric-Auguste IV, à d.* — N. — PC. — Ty. — ☐

½ neugroschen gris, 1 ngr. rose, 2 ngr. bleu clair, 2 ngr. bleu foncé, 3 ngr. jaune.

> NOTA. Un journal allemand mentionne un 3 neugroschen gris qui aurait été trouvé sur d'anciennes lettres, mais nous serions disposé à admettre que ce timbre est le résultat d'une décoloration accidentelle, l'administration des postes ne reconnaissant pas l'existence de ce timbre, d'après les renseignements authentiques qui ont servi de base aux articles du *Magasin pittoresque*.

1854. *Nom, armoiries de Saxe.* — C. — PB. — Ty. — ☐

3 pfennige vert.

1854. *Nom, tête du roi Jean, à g.* — N. — PC. — Ty. — ☐

½ neugroschen gris, ½ ngr. gris bleuâtre, 1 ngr. rose, 2 ngr. bleu, 3 ngr. jaune verdâtre, 3 ngr. jaune.

*Mêmes timbres.* — G. — PB.

5 neugroschen brun rouge, 5 ngr. rouge, 10 ngr. bleu clair.

1 juillet 1863. *Nom, armoiries saxonnes.* — C. — PB. — Ty. — ☐ — pi. 13½.

3 pfennige vert foncé, 3 pf. vert bleu, 3 pf. vert jaune, ½ neugroschen orange.

Juillet 1863. *Nom, armoiries saxonnes en* R. bl. — C. — PB. — Ty. — O — pi. 13½.

1 neugroschen rose, 2 ngr. bleu, 3 ngr. brun, 5 ngr. lilas.

### ENVELOPPES.

1859. *Nom, tête du roi Jean, à g., en* R. bl. — C. — PB. — Ty. — O — G. — Inscription verte.

1 neugroschen rose, 2 ngr. bleu, 3 ngr. jaune, 5 ngr. lilas, 10 ngr. vert.

1862. *Mêmes timbres.* — D. — Inscription verte.

1 neugroschen rose, 2 ngr. bleu outremer, 3 ngr. jaune, 5 ngr. lilas.

1 juillet 1863. *Nom, armoiries saxonnes en* R. bl. — C. — PB. — Ty. — C — D. — Inscription verte à gauche.

1 neugroschen rose, 2 ngr. bleu, 3 ngr. brun, 5 ngr. lilas.

1865. *Même timbre.* — D. — Inscription verte à gauche.

½ neugroschen orange.

### Entreprise particulière (Ville de Dresde).

### TIMBRES.

1865. *Inscription (Express Compagnie, Dresden. Frei per Expressen) avec coupon à détacher portant instruction.* — N. — PC. — Ty. — ☐ — pe. (se collant sur enveloppe).

1 neugroschen rose.

1865. *Inscription (Dresden. Express Comp.), armoiries.* — C. — PB. — Li. — ☐

3 pfennige vert, ½ neugroschen bistre, 1 ngr. rose.

*Mêmes timbres.* — pe.

3 pfennige vert, ½ neugroschen bistre, ½ ngr. orange, 1 ngr. rose.

Juillet 1866. *Inscription (S. Express, Rayon I, etc.), armoiries.* — C. — PMB. — Li. — O

1 neugroschen rose.

*Même timbre.* — N. — PMC. — Li. — ◯

2 neugroschen bleu, 2½ ngr. rose, 3 ngr. chamois, 5 ngr. vert.

*Mêmes timbres.* — pe. li.

1 neugroschen rose, 2 ngr. bleu, 2½ ngr. rose, 3 ngr. chamois, 5 ngr. vert.

### ENVELOPPES.

1865. *Inscription (Dresden, Express Comp.), armoiries.* — C. — PB. — Li. — ◯ — D.

½ neugroschen bistre, 1 ngr. rose.

*Même timbre.* — C. — PMC. — Li. — ◯

5 pfennige jaune sur jaune pâle, ½ neugroschen orange sur jaune.

*Même timbre.* — C. — PMB.

½ neugroschen jaune, ½ ngr. orange, 1 ngr. brun rouge.

*Même enveloppe.* — C. — PMB.

1 neugroschen lie de vin.

*Même enveloppe.* — C. — PMC.

1 neugroschen brun rouge sur jaune foncé, 1 ngr. brun rouge sur jaune vif.

*Même enveloppe.* — C. — PMB.

1 neugroschen lie de vin.

---

# BAVIÈRE (Royaume de).

### TIMBRES.

1 novembre 1849. *Nom Bayern), valeur en chiffres en* ☐ — N. — PVB. — Ty. — ☐

1 kreuzer blanc.

*Même timbre.* — PVB. (Dick.)

1 kreuzer blanc.

1 novembre 1849. *Nom, valeur en chiffres en* ◯ — C. — PVB. (Dick.) — Ty. — ☐

3 kreuzer bleu, 6 kr. brun.

1 juillet 1850. *Mêmes timbres.*

1 kreuzer rose, 9 kr. vert jaune, 9 kr. vert-pomme.

19 juillet 1854. *Mêmes timbres.*

18 kreuzer jaune.

**22 juin 1858.** *Mêmes timbres.*

12 kreuzer rouge.

> NOTA. On peut distinguer deux émissions dans la 1ʳᵉ série de ces timbres: une première émission sur PVB (Dick.) *mince;* les émissions subséquentes sur papier plus fort et tirées en nuances plus vives.

**10 octobre 1862.** *Mêmes timbres.*

1 kreuzer jaune. 3 kr. rose, 6 kr. bleu, 6 kr. bleu outremer, 9 kr. brun clair. 12 kr. vert, 18 kr. rouge.

**1863.** *Inscription (Bayer. Posttaxe), valeur en chiffres.* — N. — PVB. (Dick.) — Ty. — ☐

3 kreuzer.

> NOTA. Ce timbre sert pour les lettres non affranchies qui restent dans la même circonscription postale.

**1867.** *Nom (Bayern), et armoiries, chiffres dans les angles en* R. bl. - G. — PVB. (Dick). — ☐ — Ty.

1 kreuzer vert, 3 kr. rose. 6 kr. bleu. 9 kr. bistre. 12 kr. lilas. 18 kr. rouge.

## CARTES DE TRANSMISSION.

> NOTA. L'administration centrale des postes de Bavière emploie ces cartes pour envoyer à ses succursales les paquets de timbres de différentes valeurs. — Au milieu de la carte se trouve une reproduction des timbres contenus dans le paquet, avec l'inscription: « *Franko-Marken. In 50 Blättern = 4500 Stücke. Geldbetrag : . . . . . . . Gulden.*» — On trouve aussi de ces cartes de la 1ʳᵉ série avec l'inscription suivante: *(25 Bogen in 25 Blätter)*; le reste comme ci-dessus; de plus *Francomarken* est tantôt en petites, tantôt en grosses lettres, ce qui permet de distinguer quatre variétés de la 1ʳᵉ série:
>
> 1° *Francomarken* en petites lettres avec: 25 Bogen.
> 2°                         sans
> 3°            grosses      avec
> 4°                         sans

**1856.** *Mêmes timbres.* — N. - PC. — Ty. — ☐

1 kreuzer gris. 3 kr. bleu foncé. 6 kr. brun violet. 9 kr. vert. 12 kr. rose. 18 kr. jaune.

**1862.** *Mêmes timbres.*

1 kreuzer jaune. 3 kr. rose, 6 kr. bleu. 9 kr. brun clair. 12 kr. vert. 18 kr. gris.

**1863.** *Même timbre.*

3 kreuzer Bayer. Posttaxe, blanc.

**TIMBRE SPÉCIAL.**

1865. *Inscription (Commission für Retourbriefe), armoiries, noms des villes.* — N. — PMB. — Li. — ☐

Noir (München).

Noir (Bamberg).

Noir (Augsburg).

Noir (Nürnberg).

Noir (Würzburg).

# BADE (Grand-duché de).

**TIMBRES.**

1 mai 1851. *Nom (Baden), valeur en chiffres.* — N. — PC. — Ty. — ☐

1 kreuzer brun clair, 3 kr. jaune, 3 kr. jaune clair, 6 kr. vert 9 kr. rose.

1853. *Mêmes timbres.*

1 kreuzer blanc, 3 kr. vert, 6 kr. jaune.

1857. *Mêmes timbres.*

3 kreuzer bleu.

1860. *Nom, armoiries badoises sur champ burelé.* — C. — PB. — Ty. — ☐ — pi. 13½.

1 kreuzer noir, 3 kr. bleu, 6 kr. jaune-orange, 9 kr. rose.

1861. *Mêmes timbres.* — pi. 13½.

3 kreuzer bleu outremer, 6 kr. jaune.

1862. *Mêmes timbres.* C. — PB. — Ty. — ☐ — pi. 10.

1 kreuzer noir, 6 kr. bleu, 9 kr. brun, 9 kr. brun pâle.

*Nom, armoiries badoises sur champ blanc.* — C. — PB. — Ty. — ☐ pi. 13½.

3 kreuzer rose.

1862. *Mêmes timbres.* — C. — PB. — Ty. — ☐ — pi. 10.

3 kreuzer rose, 18 kr. vert, 30 kr. jaune-orange.

1864. *Mêmes timbres.* — pi. 10.

1 kreuzer noir, 6 kr. bleu outremer, 6 kr. bleu, 9 kr. bistre, 9 kr. marron.

## CHIFFRES-TAXE.

1862. *Valeur en chiffres; inscription (Landpost-Porto-Marke).* —
N. — Papier jaune. — Ty. — □ — pi. 10.

1 kreuzer, 3 kr., 12 kr.

> NOTA. Ces timbres servent pour les lettres non affranchies qui restent dans la même circonscription postale.

### Réimpression de 1866.

1 mai 1851. *Nom, valeur en chiffres.* N. — PC. — Ty. — □

1 kreuzer brun clair, 3 kr. jaune, 6 kr. vert.

1853. *Même timbre.*

1 kreuzer blanc, 3 kr. vert foncé, 6 kr. jaune vif.

1857. *Même timbre.*

3 kreuzer bleu.

> NOTA. Cette réimpression a eu lieu sur un papier plus épais; elle présente aussi quelques différences de nuance.

## ENVELOPPES.

1 octobre 1858. *Tête du grand-duc Frédéric, à g., en R. bl.* — C. —
PB. — Ty. — G. — Inscription orange.

3 kreuzer bleu, 3 kr. bleu outremer, 6 kr. jaune, 9 kr. rose, 9 kr. carmin, 12 kr. brun, 18 kr. rouge.

1862. *Mêmes timbres.* — D. — Inscription orange.

3 kreuzer rose, 3 kr. carmin, 6 kr. bleu outremer, 9 kr. brun clair, 9 kr. bistre.

---

# WURTEMBERG (Royaume de).

## TIMBRES.

15 octobre 1851. *Nom (Wurttemberg), valeur en chiffres dans un losange.* — N. — PC. — Ty. — □

1 kreuzer chamois, 3 kr. jaune, 3 kr. jaune orange, 6 kr. vert, 9 kr. rose, 18 kr. violet.

22 septembre 1857. *Armoiries (lion et cerf tenant un écusson).* —
C. — PVB. (Dick.) — Ty. — □

1 kreuzer brun, 1 kr. brun noir, 3 kr. jaune-orange, 6 kr. vert, 9 kr. rose, 18 kr. bleu clair.

9 novembre 1859. *Mêmes timbres.* — PVB. — pi. 13½.

1 kreuzer brun, 3 kr. jaune-orange, 6 kr. vert, 9 kr. rose. 18 kr. bleu foncé.

> NOTA. En outre de l'absence du fil de soie dans la pâte, cette série se distingue par des nuances plus vives.

*Mêmes timbres,* non piqués.

1 kreuzer brun, 3 kr. jaune-orange, 6 kr. vert, 9 kr. rose. 18 kr. bleu.

> NOTA. Par suite de dérangements survenus à la machine à piquer, l'administration dut émettre pendant quelque temps des timbres non piqués.

1862. *Mêmes timbres,* pi. 10.

1 kreuzer brun noir, 3 kr. orange, 6 kr. vert, 9 kr. rose brun.

1 octobre 1862. *Mêmes timbres,* pi. 10.

1 kreuzer vert, 3 kr. rose, 9 kr. brun. 9 kr. brun noir.

1864. *Mêmes timbres,* pi. 10.

6 kreuzer bleu, 9 kr. brun pâle, 18 kr. orange.

1866. *Même timbre,* pe. li.

1 kreuzer vert. 3 kr. rose. 6 kr. bleu. 9 kr. brun pâle.

**TIMBRE SPÉCIAL.**

?? *Inscription (Commission für Retourbriefe), armoiries en C surmontées d'une couronne et entourées d'une guirlande. — N. — PB. — Ty. — C*

Blanc.

> NB. Ce timbre n'est pas un timbre-poste proprement dit ; il est apposé sur les lettres dont on n'a pas trouvé le destinataire et qui ont dû être ouvertes à la poste, pour les renvoyer à l'expéditeur.

**Réimpression.**

1864. *Mêmes timbres que 1851, sauf une légère différence dans l'encadrement et des couleurs plus pâles.*

1 kreuzer chamois, 3 kr. jaune. 6 kr. vert. 9 kr. rose, 18 kr. violet.

**ENVELOPPES.**

1 octobre 1862. *Nom, valeur en chiffres en R. bl. — C. — PB. — Ty. — Oct. — D. — Inscription verte en gros caractères.*

3 kreuzer rose. 6 kr. bleu clair. 6 kr. bleu foncé. 9 kr. brun. 9 kr. brun foncé.

1863. *Mêmes timbres.* — PA. — Inscription en plus petits caractères et d'un vert plus foncé.

3 kreuzer rose, 3 kr. carmin, 6 kr. bleu, 6 kr. bleu foncé, 9 kr. brun.

1 juillet 1865. *Mêmes timbres.* — PA. — *Inscriptions de différentes couleurs.*

1 krenzer vert (inscr. violette à g.); 3 kr. rose (inscr. noire); 6 kr. bleu (inscr. jaune), 9 kr. brun (inscr. verte).

---

# HOLLANDE (Royaume de).

### TIMBRES.

1 janvier 1852. *Inscription (Postzegel). Tête du roi Guillaume III, à d.* — C. — PVB. (Fil: *cor de poste.*) — TD. — □

5 cents bleu foncé, 5 c. bleu clair, 10 c. carmin, 15 c. orange.

1864. *Inscription (Postzegel), figurine du roi, à d., dans un cadre ovale.* — C. — PB. — TD. — □ — pi. 12.

5 cents bleu, 10 c. carmin, 15 c. orange.

NOTA. 100 cents = 2 fr. 10 c.

---

# LUXEMBOURG (Grand-duché de).

### TIMBRES.

1852. *Tête du grand-duc Guillaume III, roi de Hollande, à g.* — C. — C. — PVB. (Fil: *W*). — TD. — □

10 centimes noir, 10 c. noir pâle, 1 silbergroschen rose, 1 sgr. rouge, 1 sgr. brun rouge.

1 septembre 1859. *Nom, armoiries du Luxembourg.* — C. — PMB. — Ty. — □

10 centimes bleu, 12½ c. rose, 25 c. marron, 30 c. lilas, 37½ c. vert, 40 c. vermillon.

Décembre 1860. *Nom, armoiries.* — C. — PMB. — Ty. — □

2 centimes noir, 4 c. jaune.

1863. *Même timbre.*

1 centime brun clair.

1865. *Même timbre,* pe.

1 centime brun.

1865. *Mêmes timbres,* pe. col.

10 centimes lilas. 12½ c. rose. 25 c. bleu clair. 37½ c. bistre.

---

# BELGIQUE (Royaume de).

**TIMBRES.**

27 juin 1849. *Portrait (Léopold I*er*), valeur en lettres blanches.* —
C. — PVB. (Fil : *deux L entrelacés*). — TD. — ☐

10 centimes brun foncé. 20 c. bleu clair. 20 c. bleu foncé.
   NOTA. Les chiffres LL sont quelquefois séparés par des lignes
verticales et horizontales.

Octobre 1849. *Portrait du roi, valeur en lettres colorées.* — C. —
PVB. (Fil: *LL entrelacés*). — Ty. — ☐

40 centimes rouge pâle.

1850. *Même timbre.* — PVB. (Fil: *LL entrelacés*).

10 centimes brun. 20 c. bleu.

1 mars 1861. *Mêmes timbres,* PMB.

10 centimes brun. 20 c. bleu. 40 c. rouge pâle.

1 juin 1861. *Même timbre.*

1 centime vert.

1863. *Même timbre,* pi. 13. puis 14.

1 centime vert. 10 c. brun. 20 c. bleu. 40 c. carmin.
   NOTA. Les nuances des timbres piqués sont généralement plus
vives qu'à l'émission précédente.

1 novembre 1865. *Portrait du roi, valeur en lettres blanches.* —
C. — PVAB. — Ty. — ☐ — pi. 14.

30 centimes brun. 1 franc lilas.

1 janvier 1866. *Mêmes timbres,* pi. 14.

10 centimes gris. 20 c. bleu. 40 c. rose.

Juin 1866. *Inscription (Postes) en haut, valeur en bas; lion en
au milieu.* — C. — PB. — Ty. — ☐ — pi. 14.

1 centime gris noir.

*Même timbre,* non piqué.

1 centime gris noir.

NOTA. Émis pendant quelque temps non piqué par suite d'insuffisance de production de la machine.

Septembre 1866. *Timbre semblable.* — C. — PMB. — Ty. — ▢ — pi. 14.

5 centimes brun.

Mars 1867. *Timbre semblable,* pi. 14.

2 centimes bleu clair.

---

# GRANDE-BRETAGNE (Royaume de la).

## TIMBRES.

13 mai 1840. *Tête de la reine Victoria, à g., lettres dans les deux angles inférieurs seulement.* — C. — PVB. (Fil: *petite couronne*). — Ty. — ▢

1 penny noir.

*Mêmes timbres, lettres dans les quatre angles (dans les deux angles supérieurs:* V. R.).

1 penny noir, V. R. (timbre officiel).

*Mêmes timbres, lettres dans les angles inférieurs seulement.*

1 penny rouge brun (janvier 1841), 2 pence bleu (juillet 1840).

*Mêmes timbres.* — PVA. (Fil: *petite couronne.*)

1 penny rouge brun, 2 pence bleu.

NOTA. La nuance azurée du papier provient d'une réaction chimique de la gomme employée.

1841. *Mêmes timbres, lignes blanches au-dessous et au-dessus de la tête de la reine.* — PVA. et PVB. (Fil: *petite couronne.*)

2 pence bleu.

1842. *Tête de la reine, à g., en R. bl.* — C. — PB. — Ty. — Oct.

6 pence violet.

*Tête de la reine, à g., en R. bl.* — C. — PVB. (Dick.) — Ty. — Oct.

10 pence brun (octobre 1848), 1 shilling vert (septembre 1847).

1850. *Mêmes timbres que 1840 pour le 1 p. et 1841 pour le 2 p.* (Fil: *petite couronne*), pi. 16.

1 penny rouge brun, 2 pence bleu.

Novembre 1854. *Mêmes timbres que ci-dessus (Fil: couronne plus grande), pi. 14.*

1 penny amarante. 2 pence bleu.

1855 et 1856. *Tête de la reine, à g. — C. — PVAB. — Ty. — ☐ — pi. 14.*

4 pence rose (31 juillet 1855), 6 p. violet (21 octobre 1856). 1 shilling vert (1 novembre 1856).

> NOTA. Fil: jarretière pour le 4 p.; fleurs héraldiques pour le 6 p. et le 1 sh.

1855. *Même timbre. — PVAA. — pi. 14.*

4 pence rose.

> NOTA. Il a été tiré par erreur un petit nombre de feuilles du timbre de 4 pence sur papier azuré; le fil: *jarretière* est d'un diamètre moindre.

1862. *Mêmes timbres, lettres dans les quatre angles. — C. — PVAB. — Ty. — ☐ — pi. 14.*

2 pence bleu (1858; Fil: *grande couronne*), 3 p. rose (1 mai 1862). 4 p. rouge (15 janvier 1862), 6 p. violet (septembre 1862), 9 p. brun clair (15 janvier 1862). 1 shilling vert (octobre 1862).

> NOTA. Le 2 pence bleu continue à être imprimé sur papier vergé. le 4 p. jarretière en filigrane, et les quatre autres les fleurs héraldiques en filigrane. — On remarque, sur le côté droit des timbres de 1 penny et 2 p., des chiffres qui ont été successivement 7, 8, 9; on les a considérés à tort comme donnant le millésime du tirage; ce sont des numéros d'ordre.

Juin 1864. *Mêmes timbres, lettres dans les quatre angles. — C. — PVB. (Fil: grosse couronne.) — Ty. — ☐ — pi.*

1 penny carmin.

1865. *Mêmes timbres (mêmes fil.), lettres blanches sensiblement plus grandes dans les quatre angles, pi. 14.*

3 pence rose. 4 p. rouge. 6 p. violet. 9 p. bistre. 1 shilling vert (février 1865).

## ENVELOPPES.

27 avril 1840. *Dessin (de W. MULREADY) couvrant la majeure partie de l'enveloppe. — C. — PVB. (Dick.) — Ty. — ☐*

1 penny noir. 2 pence bleu.

27 avril 1840. *Même enveloppe, pliée en forme de lettre.*

1 penny noir. 2 pence bleu.

29 janvier 1841. *Tête de la reine, à g., en R. bl., sans date. — C. —*
PVB. (Dick.) — O — D.

1 penny rose, 2 pence bleu.

*Même timbre. — PVB. (Dick.) — Avec cachet de fleurs héraldiques*
*à la patte.*

1 penny rose.

> NOTA. On trouve ces enveloppes et celles de Mulready avec toutes
> sortes d'annonces et de renseignements que des particuliers y ont fait
> imprimer après coup.

*Même timbre. — PVA. (Dick.)*

1 penny rose.

> NOTA. Imprimé sur des bandes.

*Même timbre, avec indication de la date. — PA.*

1 penny rose.

> NB. Cette enveloppe est la seule qui se vende dans les bureaux de
> poste; elle porte à la patte des fleurs héraldiques en Rel. formant
> cachet; ce cachet ne se trouve que sur les enveloppes vendues dans
> les bureaux de poste.

*Même timbre, avec indication de la date. — PB.*

1 penny rose, 2 pence bleu.

*Tête de la reine, à g., en R. bl., avec indication de la date. — C. —*
PB. — Ty. — D.

3 pence rose (ondulé, 1862). 4 p. rouge (rond. 1855).

1855. *Tête de la reine, à g., en R. bl., avec indication de la date.*
— C. — PB. — Ty. — Oct. — D.

6 pence violet. 1 shilling vert.

*Mêmes enveloppes, avec deux vignettes imprimées l'une à côté de*
*l'autre, date indiquée. — C. — PB. — Ty. — D.*

2 pence (1 + 1) rose, 5 p. (4 + 1) rouge et rose, 5 p. (3 + 2)
rose et bleu. 5 (1 + 4) rose et rouge, 7 p. (6 + 1)
violet et rose, 7 p. (4 + 3) rouge et rose, 7 (1 + 6)
rose et violet. 8 p. (6 + 2) violet et bleu, 8 (4 + 4)
rouge et rouge. 9 p. (6 + 3) violet et rose, 9 (3 + 6)

rose et violet. 10 p. (6 + 4) violet et rouge. 10 (4 + 6)
rouge et violet, 1 sh. 2 p. (1 sh. + 2 p.) vert et bleu,
1 sh. 3 p. (1 sh. + 3 p.) vert et rose, 1 sh. 4 p.
(1 sh. + 4 p.) vert et rouge. 1 sh. 6 p. (1 sh. + 6 p.)
vert et violet.

L'administration des postes de la Grande-Bretagne ne vend dans
ses bureaux que des enveloppes de 1 penny; mais chacun est libre,
moyennant une légère rétribution (1 shilling par sorte), non-seule-
ment de faire imprimer à Somersethouse (imprimerie du gouvernement) une quantité quelconque des enveloppes qui sont gravées,
mais encore d'en commander des sortes *composées* de telle manière
que le montant en réponde à une taxe usuelle; par exemple : 8 pence,
taxe double d'une lettre pour la France. On est admis à faire imprimer ces enveloppes sur papier teinté, pourvu que la nuance soit
suffisamment pâle; c'est ainsi que nous connaissons des séries sur:
blanc, azuré, jaune pâle, rose très-pâle, vert pâle.

Le seul exemplaire que nous connaissions de l'enveloppe de 2
pence composée de deux timbres de 1 penny porte la date du 17 février 1860.

---

# FRANCE.
## République.

**TIMBRES.**

*Nom (République française), tête de Liberté, à g. — C. — IMB. —
Ty. —* □

1 janvier 1849. 20 centimes noir, 1 franc vermillon.

Août 1849. 1 franc carmin.

Décembre 1849. 40 centimes orange, 1 franc carmin foncé.

    Nota. Taxe d'une lettre simple : 20 centimes.

*Mêmes timbres (taxe de la lettre : 25 centimes).*

1 juillet 1850. 25 centimes bleu.

23 juillet 1850. 15 centimes vert.

12 septembre 1850. 10 centimes jaune brunâtre.

---

1. Tous les timbres français, à l'exception de ceux de 1 c. et de 2 c.,
sont imprimés sur papier blanc, que l'on nuance toutefois légèrement
de la couleur du timbre avant l'impression.

Le timbre de 1 c. est imprimé sur papier vert-olive très-clair, celui de
2 c., sur papier brun très-clair.

## Présidence de LOUIS-NAPOLÉON BONAPARTE.
### (Taxe d'une lettre simple : 25 centimes.)

*Nom (République française), tête du président, à g.* — C. — PMB. —
Ty. — ▢

12 août 1852. 25 centimes bleu.

Septembre 1852. 10 centimes jaune brunâtre.

## Empire (Napoléon III).

**TIMBRES.**

*Nom (Empire français), tête de l'empereur, à g.* — C. — PMB. —
Ty. — ▢

Août 1853. 10 centimes jaune brunâtre.

17 août 1853. 1 franc carmin.

8 septembre 1853. 40 centimes orange.

3 novembre 1853. 25 centimes bleu.

*Mêmes timbres (taxe de la lettre simple : 20 centimes).*

1 juillet 1854. 20 centimes bleu.

Octobre 1854. 80 centimes carmin.

4 novembre 1854. 5 centimes vert.

Novembre 1860. 80 centimes rose.

— — 5 centimes vert d'eau.

1 novembre 1860. 1 centime vert-olive.

1861. *Mêmes timbres,* pi. 7. (Ce piquage est une entreprise particulière
de MM. Susse frères, les trous sont très-larges.)

1 centime vert-olive. 5 c. vert clair. 10 c. jaune brunâtre, 20 c.
bleu, 40 c. orange, 80 c. rose.

*Mêmes timbres,* pe. (dents pointues, forme de scie).

1 centime vert-olive. 20 c. bleu.

1861. *Mêmes timbres,* pe. li.

1 centime vert-olive. 5 c. vert clair. 10 c. jaune brunâtre, 20 c.
bleu, 40 c. orange. 80 c. rose.

NOTA. A titre d'essai, l'administration des postes fit percer un certain nombre de feuilles des divers timbres, puis on se servit encore
pendant quelque temps des timbres non percés; il n'est pas certain
qu'on ait percé des feuilles de 40 c.

1862. *Mêmes timbres,* pi. 13½.

1 centime vert-olive. 5 c. vert clair. 10 c. jaune brunâtre. 20 c. bleu. 40 c. orange. 80 c. rose.

1 janvier 1863. *Tête de l'empereur, à g., avec couronne de laurier, valeur en grands chiffres* — C. — PM. (teinte) — Ty. ☐ — pi. 13½.

2 centimes brun clair.

15 septembre 1863. *Même timbre,* pi. 13½.

4 centimes gris.

4 avril 1867. *Tête de l'empereur, à g., avec couronne de lauriers, valeur en petits chiffres.* C. PMB. Ty. ☐ pi. 13½.

20 centimes bleu. 30 c. marron.

NOTA. Depuis 1860, les timbres-poste français sont en usage dans la principauté de Monaco.

Quelques places transmarines, qui se trouvent en correspondance directe avec la France par l'intermédiaire de compagnies françaises (Constantinople, Jérusalem, Rio de Janeiro, etc.), peuvent se servir des timbres français pour l'affranchissement des lettres à destination de ce pays.

## Réimpression de 1862

### TIMBRES de la République.

10 centimes jaune brunâtre. 15 c. vert. 20 c. noir. 25 c. bleu, 40 c. orange. 1 franc rose.

20 centimes bleu.

### TIMBRES de la Présidence.

10 centimes jaune brunâtre. 25 c. bleu.

### TIMBRES de l'Empire.

25 centimes bleu. 1 franc carmin.

NOTA. Sur la demande du gouvernement anglais, on fit, en 1862, une réimpression à petit nombre des anciens timbres français, et à cette occasion on imprima par erreur un timbre bleu de 20 centimes de la République qui n'a jamais existé.

**CHIFFRES-TAXE.**

1 janvier 1859. *Inscription* (Postes. Chiffres - Taxe). *Valeur en chiffres.* — N. — PB. — Li. — ☐

10 centimes à percevoir, noir.

1859. *Même timbre*, Ty.

10 centimes à percevoir, noir.

> NOTA. Ces timbres servent à taxer les lettres non affranchies qui restent dans le même rayon postal. Le timbre lithographié ne fut employé que jusqu'à ce que la gravure du 10 centimes typographié eût été terminée.

1863. *Même timbre*, Ty.

15 centimes à percevoir, noir.

## COLONIES FRANÇAISES.

1 janvier 1860. *Nom* (Colonies de l'Empire français), *aigle couronnée.* — C. — PMB. — Ty. — ☐ avec coins arrondis.

10 centimes jaune brunâtre, 40 c. orange.

1862. *Mêmes timbres.*

1 centime vert-olive, 5 c. vert clair.

1866. *Mêmes timbres.*

20 centimes bleu, 80 c. rose.

> NOTA. Ces timbres sont en usage dans les diverses colonies françaises (Pondichéry, Guadeloupe, Martinique, Sénégal, etc.), à l'exception de l'Algérie, où l'on se sert des timbres-poste français. — Voy. aussi RÉUNION (page 71) et NOUVELLE-CALÉDONIE (page 88).

## SUISSE (République).

### ADMINISTRATIONS CANTONALES.

**TIMBRES.**

#### BÂLE.

1 juillet 1845. *Nom, colombe en R. bl. sur écusson rose. Impression noire, guillochage bleu clair.* — PB. — C. — Ty. — ☐

2½ rappen.

**Contrefaçon :** *Mêmes timbres.*

> NOTA. Dans les premières contrefaçons, la couleur bleue forme un fond uni au lieu d'un guillochage. — Dans les contrefaçons postérieures, la fleur de lis est manquée.

# GENÈVE.

**1844.** *Inscription* (Poste de Genève. port cantonal). *armoiries de Genève.* —

N. — PC. — Ty. — ☐

5 centimes vert jaunâtre. 5 c. vert foncé.

**Contrefaçon :** *Mêmes timbres.*

NOTA. Les timbres authentiques ont de grands rayons et du bec au bout de l'aile de l'aigle se trouvent 9 points, à peu près disposés ainsi : 

Dans aucune des contrefaçons cette disposition des points n'est bien rendue.

*Même timbre (légère différence dans le dessin ; le chiffre 5 est plus ramassé et plus court que dans le type précédent).* — C. — PB. — Ty. — ☐

5 centimes vert jaunâtre.

**Contrefaçon :** *Même timbre.*

NOTA. Dans les timbres authentiques, la plume supérieure de l'aile de l'aigle ne touche pas l'encadrement intérieur de l'écusson.

*Inscription* (Poste de Genève. port local). — N. — PC. — Ty. — Petit ☐

5 centimes vert.

**Contrefaçon :** *Même timbre :* Vert. jaune.

NOTA. Les timbres authentiques ont dans la moitié droite de l'écusson 11 lignes verticales ; les contrefaçons en ont 12 et 13, sans compter la ligne intérieure et les deux filets d'encadrement.

*Même timbre, répété deux fois ; en tête l'inscription :* Port cantonal. 10 centimes.

10 (5 + 5) centimes vert.

**Contrefaçon :** *Même timbre.*

NOTA. Pour ces timbres, la différence entre les authentiques et les contrefaçons est la même que pour les timbres simples de *Port local.*

## ENVELOPPE.

*Inscription* (Poste de Genève. port cantonal). — C. — PB. — Ty.

5 centimes vert (*comme les timbres correspondants*).

NOTA. On trouve des *timbres* de ce type. mais nous sommes disposé à admettre que ce sont les timbres des enveloppes coupés et servant comme timbre mobile.

## VAUD.

**1848.** *Inscription* (Poste locale). *cor de postillon avec croix blanche
sur champ rouge.* — N. — PB. — Li. — ▭

4 centimes noir. 5 c. noir.

### Contrefaçon : *Mêmes timbres.*

NOTA. Dans les timbres authentiques, le cordon fait **17** fois le
tour du cor, dans les contrefaçons il ne le fait que **13** fois.

Dans l'angle gauche supérieur des timbres authentiques se
trouvent 3 chevrons complets, dans les contrefaçons il n'y en a que 2.

## ZÜRICH.

**1843-1849.** *Nom, valeur en chiffre.* — N. — PB. — Li. — ▭ — *Lignes
rouges verticales couvrant tout le timbre.*

4 rappen port local, 6 r. port cantonal.

*Même timbre. Lignes rouges horizontales couvrant tout le timbre.*

4 centimes port local, 6 c. port cantonal.

### Contrefaçon : *Mêmes timbres.*

NOTA. Dans aucune des contrefaçons la lettre U du mot **ZÜRICH** n'est
surmontée du tréma. En outre, les timbres authentiques de 4 rappen
portent, dans la bande supérieure (au mot *Zürich*), 7 lignes, dont 1 à
peine visible, et dans la bande inférieure (au mot *Localtaxe*), 10 lignes ;
les timbres authentiques de 6 rappen ont 8 lignes dans chaque bande.

**1849 — 30 septembre 1850.** *Inscription* (Ortspost, poste locale). *cor
de postillon avec croix blanche sur champ rouge*
(timbre dit de Winterthur). N. PB. Li. — ▭

2½ rappen noir.

### Contrefaçon : *Même timbre.*

NOTA. Dans le timbre authentique la lettre R a une forme irré-
gulière ; de plus les cordons portant le cor ont 8 nœuds, tandis qu'ils
n'en ont que 6 ou 7 dans les contrefaçons.

## NEUCHÂTEL.

**1848.** *Inscription* (Poste locale). *croix blanche dans un écusson
rouge.* — N. — PB. — Li. — ▭

5 centimes.

**Contrefaçon :** *Même timbre.*

NOTA. Le papier des contrefaçons est beaucoup plus blanc que celui des timbres authentiques, qui est presque mi-blanc ; dans les timbres authentiques la lettre S du mot *centimes* penche à droite, elle n'est pas inclinée dans les contrefaçons.

# ADMINISTRATION FÉDÉRALE.

## Cantons allemands et français.

### Pour les cantons allemands.

1 octobre 1850. *Armoiries (croix blanche sur champ rouge).* — N. — PB. — Li. — ☐

Orts-Post, 2½ rappen.

*Même timbre, la croix blanche entourée d'un trait noir.*

Orts-Post, 2½ rappen.

**Contrefaçon :** *Même timbre.*

NOTA. Le timbre authentique est imprimé sur papier blanc, la contrefaçon sur papier légèrement azuré. Dans la contrefaçon, le mot *Orts-Post* n'a pas de trait d'union.

### Pour les cantons français.

1 octobre 1850. *Armoiries (croix blanche sur champ rouge.* — N — PB. — Li. — ☐

Poste locale, 2½ rappen.

*Même timbre, la croix blanche entourée d'un trait noir.*

Poste locale, 2½ rappen.

**Contrefaçon :** *Même timbre.*

NOTA. Dans le timbre authentique, la ligne noire encadrant les chiffres 2½, ne touche pas le cadre, et le filet qui forme le champ blanc arrive au cadre au milieu de la lettre L du mot *Locale*, tandis que dans les contrefaçons il y arrive entre les lettres A et L.

1 octobre 1850. *Armoiries (croix blanche sur champ rouge), dessin et encadrement imprimés en noir.* — C. — PB. — Li. — ☐

5 rappen bleu [variant du bleu clair au violet] (1er rayon). 10 r. jaune [nuances variées] (IIe rayon).

*Même timbre, la croix blanche entourée d'un trait noir.*

5 rappen bleu.

1 janvier 1852. *Même timbre.*

5 rappen bleu sur papier blanc.

NOTA. Le 10 rappen jaune de l'émission précédente continue d'être en usage.

1 janvier 1852. *Armoiries.* — C. — PB. — Li. — ▢

15 centimes rouge (Rayon III pour les cantons français).

15 rappen rouge (Rayon III pour les cantons allemands).

NOTA. Il existe plusieurs gravures du timbre de 15 rappen; les chiffres 15 variant en hauteur de 3 à 4 millimètres.

1 octobre 1854. *Déesse de la Liberté, assise, avec un bouclier sur lequel se trouvent les armes de la Suisse.* — C. — PB. (Dick.) — Ty. — ▢

5 rappen brun, 10 r. bleu, 15 r. rose, 20 r. orange, 40 r. vert, 1 franc gris de perle. (1 fév. 1855.)

NOTA. Les nuances de ces timbres varient beaucoup, surtout pour les 5 et 40 rappen; on peut même établir deux séries distinctes: Premier tirage en couleurs pâles et relief très-sensible: Tirages subséquents, couleurs plus vives et peu de relief.

1862. *Même timbre.*

2 rappen gris.

1862. *Nom (Helvetia), déesse de la Liberté, assise, avec un bouclier sur lequel se trouvent les armes de la Suisse; valeur en chiffres dans les 4 angles.* — C. — PMB. — Ty. — ▢ — pi. 12.

2 rappen gris, 3 r. noir, 5 r. brun, 10 r. bleu clair, 10 r. bleu de Prusse, 20 r. jaune-orange, 30 r. rouge, 40 r. vert, 60 r. bronze, 1 franc or.

NOTA. Ces timbres portent au revers en ◯ la croix imprimée en relief blanc.

Mars 1867. *Mêmes timbres.* — C. — PMB. — Ty. — ▢ — pi. 12.

5 rappen bistre pâle, 10 r. rose, 30 r. bleu outremer, 50 r. violet.

### Entreprise particulière.

1866. *inscription* (Rigi Kaltbad), *fleur en* ◯ — C. — PB. — Ty. — ▢ — pi. 12.

Rouge.

NOTA. Il paraîtrait que ce timbre représenterait le prix à payer (15 cent.) pour porter les lettres de l'hôtel du Rigi au prochain bureau de poste.

# AUTRICHE (Empire d').

NOTA. La principauté de Liechtenstein emploie les timbres autrichiens.

**TIMBRES.**

1 juin 1850. *Armoiries (aigle à deux têtes, etc.), dans un écusson.* —
C. — PVB. — Ty. — ▢

1 kreuzer jaune, 1 kr. orange, 2 kr. noir, 3 kr. rouge, 6 kr. brun,
9 kr. bleu clair, 9 kr. bleu violacé.

1 novembre 1858. *Tête de l'empereur François-Joseph, à g. en R. bl.* —
C. — PMB. — Ty. — ▢ — pi. 15.

2 kreuzer jaune, 3 kr. noir, 3 kr. vert (mars 1859), 5 kr. rouge,
10 kr. brun, 15 kr. bleu.

1860. *Même timbre,* pi. 15.

2 kreuzer jaune-orange.

15 janvier 1861. *Tête de l'empereur, à d., en R. bl.* — C. — PMB. —
Ty. — ◯ — pi. 14.

2 kreuzer jaune, 3 kr. vert, 5 kr. rouge, 10 kr. brun, 15 kr. bleu
clair.

1 juillet 1863. *Aigle à deux têtes en R. bl.* — C. — PMB. — Ty. — ◗ —
pi. 14.

2 kreuzer jaune, 3 kr. vert, 5 kr. rose, 10 kr. brun, 15 kr. bleu.

1865. *Mêmes timbres,* pi. 9½.

2 kreuzer jaune, 3 kr. vert, 5 kr. rose, 10 kr. bistre, 15 kr. bleu.

**TIMBRES COMPLÉMENTAIRES.**

NOTA. Pour remplir les feuilles de timbres-poste, on imprimait
de ces timbres dans les rangs inférieurs, afin que la valeur de chaque
feuille correspondît à un nombre rond de florins. Ils n'existent plus
sur les feuilles récemment imprimées.

1 juin 1850. *Croix de Saint-André, en couleur sur fond blanc.* —
C. — PVB. — Ty. — ▢

Jaune, noir, rouge, brun, bleu.

1 novembre 1858. *Croix de Saint-André, en R. bl. sur fond coloré.* —
C. — PMB. — Ty. — ▢ — pi. 15.

Jaune, noir, vert, rouge, brun, bleu.

1 novembre 1858. *Mêmes timbres, cadre blanc.* — C. — PMB. —
    Ty. — ☐ — pi. 15.
Jaune, orange, noir, vert, rouge, brun, bleu.
   *Croix de Saint-André, en couleur sur fond blanc.* — C. —
    PMB. — Ty. — ☐ — pe.
Bleu.

## TIMBRES DE JOURNAUX.

1 janv. 1851 au 1 nov. 1858. *Inscription* (K. K. Post. Zeitungs-
    Stämpel). *Tête de Mercure, à g.* — C. — PVB. — Ty. — ☐
Bleu pâle (1 journal), bleu (1 journal).
1 janv. 1851 au 21 mars 1856. *Même timbre.*
Jaune (10 journaux).
1 janv. 1851 au 9 oct. 1852. *Même timbre.*
Rose (50 journaux).
21 mars 1856 au 1 nov. 1858. *Même timbre.*
Rouge (10 journaux).
1 novembre 1858-12 mars 1860. *Inscription* (K. K. Post. Zeitungs-
    Stämpel). *Tête de l'empereur, à g.*, R. bl. — C. —
    PB. — Ty. — ☐
Bleu.
12 mars 1860-15 janvier 1861. *Même timbre.*
Lilas, lilas clair.
15 janvier 1861-1 décembre 1863. *Inscription* (K. K. Post. Zeitungs-
    Stämpel). *Tête de l'empereur, à d.*, R. bl. — C. —
    PB. — Ty. — Coins arrondis.
Lilas, lilas clair.
1 décembre 1863. *Inscription* (K. K. Post-Zeitungsstämpel); *aigle à
    deux têtes en R. bl.* — C. — PB. — Ty. — Oct.
Lilas.

## TIMBRES-TAXE DE JOURNAUX.

1 octobre 1850 - 28 mars 1858. *Inscription* (Kais.-Kön. Zeitungs-
    Stämpel), *armes (aigle à deux têtes, etc.). Fleuron
    comme ornement dans les angles.* — C. — PB. — Ty. — ☐
2 kreuzer vert, 2 kr. vert bleuâtre, 2 kr. vert-olive.

28 mars 1858-23 novembre 1858. *Même timbre, boule comme ornement dans les angles.*

2 kreuzer brun. 4 kr. brun.

23 novembre 1858. *Même timbre.*

1 kreuzer bleu.

> NOTA. Les timbres à armoiries de 1853 et 1858 n'opéraient pas l'affranchissement postal des journaux, mais servaient à la perception des droits de timbres pour les journaux publiés dans les villes dépourvues de bureaux de timbres et pour les journaux étrangers.

### Réimpression de 1866.

1 juin 1850. *Armoiries dans un écusson.* — C. — PMB. — Ty. — □

1 kreuzer jaune vif. 2 kr. noir. 3 kr. rouge. 6 kr. brun. 9 kr. bleu.

1 novembre 1858. *Tête de l'empereur, à g., en R. bl.* — C. — PMB. — Ty. — □ — pi. 12.

2 kreuzer jaune vif. 3 kr. vert. 5 kr. rouge, 10 kr. brun, 15 kr. bleu.

Zeitungsstämpel du 1 novembre 1850. *Tête de Mercure, à g.* — C. — PMB. — Ty. — □

Jaune. rouge. rose.

> NOTA. Les nuances de cette réimpression sont généralement plus vives que celles des timbres originaux; tous les timbres d'une même couleur (y compris la réimpression de Vénétie, dont il sera question p. 57) ont été imprimés en même temps.

### ENVELOPPES.

15 janvier 1861. *Tête de l'empereur, à d., en R. bl.* — C. — PB. — Ty. — G.

3 kreuzer vert. 5 kr. rouge, 10 kr. rouge brun. 15 kr. bleu. 20 kr. jaune-orange. 25 kr. brun foncé. 30 kr. lilas. 35 kr. brun clair.

1 juillet 1863. *Aigle à deux têtes en R. bl.* — C. — PB. — Ty. — D.

3 kreuzer vert. 5 kr. rose. 10 kr. bleu. 15 kr. brun. 25 kr. violet.

### Entreprise particulière.

### Compagnie de navigation du Danube.

### TIMBRE.

1866. *Inscription* Erste K. K. pr. Donau-Dampfschifffahrts-Gesellschaft). — C. — PMB. — Ty. — □ — pi.

10 soldi lilas pi. 9¹⁄₂. 17 s. rouge pi. 12.

> NOTA. Ce timbre sert à payer le supplément de port dû pour les lettres expédiées après l'heure de la poste par la voie du Danube

# SERVIE (Principauté de).

*1866. Inscription en caractères russes, écusson avec croix blanche.*
C. – PMB. – Ty. – □

1 para vert sur rose, 2 p. brique sur lilas.

*Novembre 1866. Inscription en caractères russes, tête du prince Michel III, à g.* – C. – PMB. – Ty. – □ – pi. 12.

1 para vert (pi. 9 1/2), 2 p. brun (pi. 9 1/2), 10 p. jaune, 20 p. rose, 40 p. bleu.

*Mêmes timbres.* – C. – Papier pelure. – Ty. – □ – pi. 9 1/2.

10 paras jaune-orange, 20 p. rose pâle, 40 p. bleu outremer.

# MOLDAVIE (Principauté de).

### TIMBRES.

*1854. Inscription (HOPTO CKPNCOPN), armoiries (tête de taureau au-dessus d'un cor de poste); frappé à la main.* – Bleu. – PMC. et PVC. – ◯

54 paras vert, 81 p. gris bleu, 108 p. rose.

NOTA. Il existe pour ces timbres diverses gravures présentant de légères différences, notamment pour le 108 paras.

*1861 - juin 1862. Inscription (Porto Scrisorei), armoiries (cor surmonté d'une tête de taureau, cornes droites, étoile à 6 branches ; frappé à la main.* – C. – PMB. – □

40 paras bleu, 80 p. rouge.

*Mêmes timbres, cornes recourbées, étoile à 4 branches.*

40 paras bleu, 80 p. rouge.

*Mêmes timbres, étoile à 6 branches.* – PM.

40 paras bleu, 80 p. rouge.

### TIMBRE DE JOURNAL.

*1861 - juin 1862. Même timbre, cornes droites, étoile à 6 branches, inscription Porto Gazetei.* – C. – PMB. – □

2 paras noir.

*Même timbre, cornes recourbées.*

5 paras noir.

# PRINCIPAUTÉS DANUBIENNES.

25 juin 1862. *Inscription* (Scrisorei franco). *armoiries réunies de Moldavie (tête de taureau) et de Valachie (aigle) au-dessus d'un cor de poste. — Frappé à la main.*
C. — PMB. — ☐

3 paras jaune, 6 p. rouge, 30 p. bleu

1863. *Mêmes timbres.*

3 paras jaune orange, 6 p. carmin, 30 p. bleu.

1 janvier 1865. *Inscription* (Posta Romana). *profil du prince Couza, en ○, à d.* — C. — PB. — Ty. — ☐

2 paras orange, 2 p. jaune, 5 p. bleu, 20 p. rouge, 20 p. carmin.

Il existe pour le 20 paras deux types différents, qui sont placés régulièrement côte à côte sur la feuille. — On trouve de légères différences de nuance pour tous les trois timbres.

*Même timbre.* — PVB.

2 paras orange.

1866. *Inscription* (Posta romana). *tête du prince Charles I en ○ à g.* — N. — PMC. — Li. — ☐

2 paras jaune, 2 p. jaune pâle, 5 p. bleu, 20 p. lie de vin, 20 p. rose pâle.

Il existe sur la même feuille deux gravures différentes du 20 paras.

# TURQUIE (Empire de).

Janv. 1862. *Nom du sultan en écriture turque dans un cadre quadrangulaire.* — N. — PC. (très-minces) — Ty. — ☐

20 paras jaune, 1 piastre violet, 2 p. bleu clair, 5 p. carmin.

On rencontre pour ces timbres et les suivants des différences de nuance très-sensibles, provenant de ce que le papier, originairement blanc, est recouvert avant l'impression d'une couche de couleur.

1864. *Mêmes timbres, papier plus fort*

20 paras jaune, 1 piastre violet, 1 p. bleu

Janv. 1862. *Mêmes timbres* (Timbres-taxe). — N. — PC. (très-mince). — Ty. — ☐

20 paras rouge. 1 piastre rouge, 2 p. rouge, 5 p. rouge.

Ces timbres servent à constater l'affranchissement en argent des lettres remises aux courriers et facteurs dans les localités dépourvues de bureaux de poste; ils doivent être apposés par eux sur les lettres en présence des expéditeurs.

1865. *Croissant surmonté d'une étoile, en* ◯, *entourée d'un* 2e ◯, *valeur dans les 4 angles en chiffres turcs.* — C. — PB. — Ty. — *Inscription en caractères noirs dans le second* ◯ *signifiant :* Poste. Empire ottoman. — pi. 12½.

10 paras vert, 20 p. jaune bistre. 1 piastre lilas pâle, 2 p. bleu. 5 p. rouge, 25 p. orangé.

**Variété:** *Même timbre*, pi. 12½.

10 paras vert avec le chiffre 1 dans les 4 angles.

Cliché du 1 piastre placé par mégarde dans la planche des 10 paras.

1865. *Mêmes timbres* (Timbres-taxe), *tous imprimés en bistre.* — pi. 12½.

20 paras. 1 piastre. 2 p., 5 p., 25 p.

On rencontre pour la plupart de ces timbres des variétés de nuance sensibles.

### Administration particulière.

13 décembre 1865. *Croissant surmonté d'une étoile en* ◯. *inscription turque: en haut* (paras); *à droite* (poste locale); *à gauche* (poste locale). — N. — PC. — Ty. — ☐ — pi. 14.

5 paras bleu. 20 p. vert. 40 p. rose.

NOTA. Poste locale de Constantinople et faubourgs.

Août 1866. *Inscription* (Poste locale, service mixte). — N. — PMC. — Li. — ☐

10 paras jaune, 20 p. rose.

*Mêmes timbres.* — C. — PMB. — Li. — ☐

1 piastre rouge. 2 p. bleu.

Nous croyons ne pas devoir comprendre dans notre travail les timbres de franchise pour journaux, par la raison qu'ils sont estampillés sur les journaux mêmes et ne constituent donc pas un timbre-poste proprement dit.

# GRÈCE (Royaume de).

**TIMBRES.**

Octobre 1861. *Nom* (ΕΛΛ. ΓΡΑΜΜ.). *tête de Mercure, à d.* — C. — PMB. (Le timbre de 40 lepta est imprimé sur papier azuré.) — Ty. — ☐

1 lepton brun clair, 1 l. brun foncé, 2 l. bistre pâle, 5 l. vert, 20 l. bleu, 40 l. violet, 80 l. rose.

NOTA. Tirage fait à Paris.

Octobre 1861. *Même timbre.* — PA. *Valeur en chiffre imprimée au revers.*

10 lepta rouge.

NOTA. Tirage fait à Paris.

1862. *Mêmes timbres, au revers, la valeur en chiffres plus petits.*

5 lepta vert, 10 l. rouge, 20 l. bleu, 40 l. violet, 80 l. rose.

NOTA. Tirage fait à Athènes.

1862. *Même timbre, ne présentant pas au revers la valeur en chiffres.*

1 lepton brun, 2 lepta bistre très-pâle.

NOTA. Tirage fait à Athènes; on le reconnaît à ce que les traits sont bien plus grossiers qu'au tirage fait à Paris; on rencontre des nuances de couleurs très-nombreuses pour les 1, 10 et 40 lepta.

1866. *Même timbre.* — PA.

40 lepta lie de vin.

---

# ILES IONIENNES.

(Jusqu'en 1864 sous la protection de l'Angleterre, puis réunies à la Grèce.)

**TIMBRES.**

15 mai 1859—1864. *Noms en caractères grecs* (ΙΟΝΙΚΟΝ ΚΡΑΤΟΣ). *Tête de la reine Victoria, à g., entourée d'une jarretière, sans indication de valeur.* — C. — PVB. — TD. — ☐

Jaune (1 obole), bleu (2 ob.), rouge (4 ob.).

Les timbres de 4 oboles ont comme filigrane le chiffre 4. — Ceux de 1 obole n'ont pas de chiffre en filigrane. — Une des émissions du timbre de 2 oboles a le chiffre 2 en filigrane; une autre paraîtrait ne pas l'avoir.

NOTA. 100 oboles = 5 fr. 25 c.

---

# MALTE (Colonie anglaise).

1860. *Nom, tête de la reine, à g., avec couronne.* — C. — PVAA. — Ty. — [] — pi.

½ penny bistre clair.

*Même timbre.* PVAB.

½ penny bistre clair.

1863. *Même timbre.* — PVAB. (Fil: *lettres C. C. surmontées d'une couronne*) — pi.

½ penny bistre clair. ½ p. orange.

Nota. Ce timbre ne sert qu'à l'affranchissement des lettres qui restent dans la localité. Pour la correspondance extérieure on emploie les timbres anglais.

# SARDAIGNE (Royaume de).

**TIMBRES.**

1 janvier 1851. *Tête du roi Victor-Emmanuel II, à d., blanc dans un ovale de couleur. Inscription blanche.* — C. — PB. — Li. []

5 centesimi noir, 20 c. bleu, 40 c. rose.

1 juillet 1853. *Tête du roi, à d., et inscription en R. sur papier de couleur.* PMC. — Ty. — []

5 centesimi vert, 20 c. bleu, 40 c. rose.

1 janvier 1855. *Tête du roi, à d., en R. bl., dans un ovale blanc: le restant du timbre en couleur. Inscriptions en R.* — C. — PMB. Li. et Ty []

5 centesimi vert. 20 c. bleu. 40 c. rose

1 janvier 1856. *Tête du roi, à d., en R. bl., dans un ovale blanc, inscription blanche.* — C. — PMB. — Li. et Ty. — []

5 centesimi vert foncé. 20 c. bleu, 40 c. rouge, jaune.

Nota. Les timbres de 1856 et 1858 varient des nuances les plus claires jusqu'aux plus foncées.

1 janvier 1858. *Mêmes timbres.*

40 centesimi brun. 80 c. jaune d'or.

Octobre 1860. *Même timbre*

3 lire bronze doré.

# ITALIE (Royaume d').

Nota. Les timbres employés depuis 1856 dans le royaume de Sardaigne furent aussi adoptés en Lombardie en juin 1859; dans les duchés de Parme et de Modène et dans la Romagne, le 18 mai 1860; en Toscane, le 17 mars 1861, et dans les Provinces napolitaines au mois de novembre 1862.

1862. *Mêmes timbres que précédemment, mais* pi.. ordinairement 12½.

5 centesimi vert. 10 c. brun clair. 20 c. bleu. 40 c. rose. 80 c. jaune.

Nota. Il existe des exemplaires piqués du 3 lire, mais ils n'ont jamais été en circulation; le piquage pour le 5 c. et le 10 c. varie de 9½ à 13½.

11 janvier 1863. *Même timbre.* - Li. et Ty.

15 centesimi bleu.

12 février 1863. *Nom* (Franco bolio postale italiano). *tête du roi, à g.* — C. — PMB. — Li. — ☐

15 centesimi bleu clair.

1863. *Inscription* (Segna tassa). *valeur en chiffres.* — C. — PMB. — Li.

10 centesimi jaune d'ocre. 10 c. jaune-orange.

Nota. Ce timbre sert à taxer les lettres non affranchies qui restent dans le même arrondissement postal.

Décembre 1863. *Nom* (Poste italiane). *tête du roi, à g., en ☐* — C. — PVAB. (Fil: *couronne*). — Ty. - ☐ — pi. 14

5 centesimi gris verdâtre. 10 c. orange. 15 c. bleu clair. 30 c. brun. 40 c. carmin. 60 c. violet. 2 lire écarlate.

Décembre 1863. *Nom, encadrement grec, valeur en chiffres.* — C. — PVAB. Fil: *couronne.* - Ty. — ☐ pi. 14

1 centesimo vert clair.

1 janvier 1865. *Nom* (Poste italiane). *tête du roi, à g., en* — C. — PVAB. (Fil: *couronne*). — Ty. — ☐ pi. 14.

*Valeur imprimée en brun.*

20 centesimi bleu clair. 20 c. bleu foncé.

Nota. Obtenu en effaçant sur les timbres de *15 centesimi* l'indication de la valeur par un demi-cercle brun et en imprimant en brun dans les angles la valeur nouvelle: 20 c. Par suite d'un accident arrivé à la matrice, il existe des exemplaires du 20 cent. ayant 4 petits points blancs des deux côtés de l'encadrement ovale, d'autres 12, dont les 8 derniers près de l'extrémité des ornements des angles.

1 mars 1865. *Inscription* (Poste italiane). *encadrement grec, valeur en chiffres.* — C. — PVAB. (Fil: *couronne*). — Ty. — ☐ — pi. 14.

2 centesimi brun rouge.

1 mai 1867. *Inscription* (Franco bollo italiano). *tête du roi, à g. en* ☐ — C. — PVAB. (Fil: *couronne*). — Ty. — ☐ — pi.

20 centesimi bleu.

### TIMBRES DE JOURNAUX.

1 janvier 1861. *Inscription* (Giornali Stampe). *valeur en chiffres en* R. bl. — X. — PMB. — Ty. — ☐

1 centesimo noir. 2 c. noir.

1862. *Mêmes timbres.*

1 centesimo gris noirâtre. 2 c. gris noirâtre.

**Variété:** *Même timbre.*

1 centesimo gris noirâtre (chiffre 2 gaufré dans l'ovale).

1862 - 31 décembre 1863. *Même timbre.* — C. - PMB. — Ty. — ☐

2 centesimi brun clair.

### PROVINCES NAPOLITAINES.

1 avril 1861 - 31 décembre 1862. *Tête du roi Victor-Emmanuel, à d.* R. bl. — C. — PMB. — Ty. — ☐

½ tornese vert jaunâtre. ½ torn. vert. ½ grano brun clair. 1 gr. noir. 2 gr. bleu. 5 gr. rouge. 5 gr. lilas. 10 gr. orange. 10 gr. jaune verdâtre. 20 gr. jaune. 50 gr. lilas gris. 50 gr. lilas bleuâtre. 50 gr. bleu.

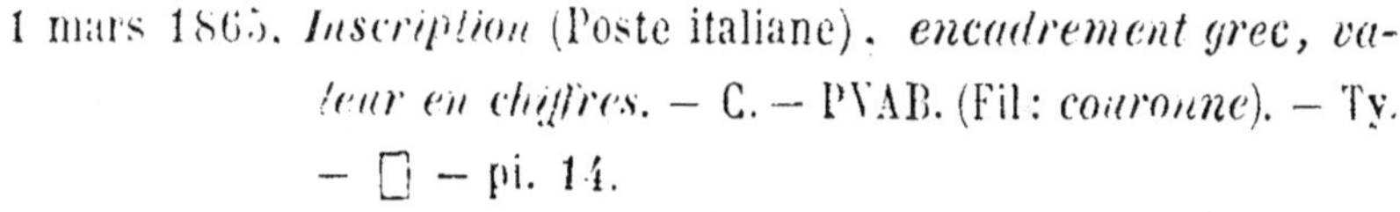

# ROYAUME LOMBARD-VÉNITIEN.
## (Faisant partie de l'Autriche.)

### TIMBRES.

1 juin 1850. *Armoiries (aigle à deux têtes, autrichienne, etc.) dans un écusson.* — C. — PVB. - Ty. — ☐

5 centesimi jaune. 10 c. noir. 15 c. rouge. 30 c. brun, 45 c. bleu.

1 novembre 1858-1859. *Tête de l'empereur François-Joseph, à g.* R. bl. — C. — PMB. — Ty. — ☐ — pi. 15.

2 soldi jaune. 3 s. noir. 5 s. rouge. 10 s. brun, 15 s. bleu.

NOTA. Jusqu'en 1858, 100 centesimi : 1 lira — 87 centimes.

## TIMBRES DE JOURNAUX.

Les timbres de journaux autrichiens ont été simultanément en usage dans les provinces lombardo-vénitiennes. (Voir AUTRICHE, p. 48.)

## TIMBRES-TAXE DE JOURNAUX.

28 mars 1858-23 novembre 1858. *Inscription* (Kais. Kön. Zeitungs-Stämpel), *armes (aigle à deux têtes, etc.).* — C. — PB. — Ty. — □

2 kreuzer rouge, 4 kr. rouge.

23 novembre 1858. *Même timbre.*

1 kreuzer noir.

NB. Ces timbres servaient à la perception des droits de timbres pour les journaux publiés dans les villes dépourvues de bureaux de timbres et les journaux étrangers. Le timbre de 1 kreuzer noir a eu cours en Vénétie jusqu'au 5 octobre 1866.

# VÉNÉTIE.
## (Faisant partie de l'Autriche.)

Après la réunion de la Lombardie au royaume d'Italie, les timbres du royaume lombard-vénitien restèrent en usage dans la Vénétie de 1859 à 1861.

15 janvier 1861. *Tête de l'empereur François-Joseph, à d., en R. bl.* — C. — PMB. — Ty. — ( — pi. (14).

5 soldi rouge.

1862. *Mêmes timbres, pi. 14.*

10 soldi brun.

1862. *Mêmes timbres que ceux du royaume lombard-vénitien de 1858, pi. 15.*

3 soldi vert.

NOTA. Ces timbres ne furent employés qu'après l'épuisement de la provision des timbres de 3 soldi noir.

1863-1864. *Aigle à deux têtes en R. bl.* — C. — PMB. — Ty. — ( — pi. 14.

2 soldi jaune, 3 s. vert, 5 s. rouge, 10 s. bleu, 15 s. brun.

1865-5 octobre 1866. *Mêmes timbres, pi. 9½.*

2 soldi jaune, 3 s. vert, 5 s. rouge, 10 s. bleu, 15 s. brun.

### Réimpression de 1866.

1 juin 1850. *Armoiries dans un écusson.* — C. — PMB. — Ty. — □

5 centesimi jaune vif, 10 c. noir, 15 c. rouge, 30 c. brun, 45 c. brun.

15 janvier 1861. *Tête de l'empereur, à d., en* R. bl. — C. — PMB. —
Ty. — C — pi. 12.

5 soldi rouge. 10 s. brun.

### Tirage de fantaisie.

1 janvier 1861. *Tête de l'empereur, à d., en* R. bl. — C. — PMB. —
Ty. — C — pi. 12.

2 soldi jaune vif. 3 s. vert, 15 s. bleu.

### ENVELOPPES.

15 janvier 1861. *Tête de l'empereur, à d., en* R. bl. — C. — PB. —
Ty. — C — G.

3 soldi vert. 5 s. rouge, 10 s. brun, 15 s. bleu, 20 s. jaune orange,
25 s. brun foncé, 30 s. lilas, 35 s. brun clair.

1863-1866. *Nom, aigle à deux têtes en* R. bl. — C. — PB. — Ty. — C — D.

3 soldi vert, 5 s. rouge, 10 s. bleu, 15 s. brun, 25 s. violet.

# MONACO (Principauté de).
(Voy. FRANCE, page 39.)

# PARME.

### TIMBRES.

## Duché.

1 avril 1852. *Nom (Stati Parm.), armoiries (fleur de lis) dans un
cercle avec couronne.* — C. — PB. — Ty. — ▯

5 centesimi jaune, 15 c. rouge, 25 c. brun rouge.

Avril 1857. *Même timbre.* — N. — PC. — Ty. — ▯

5 centesimi jaune, 10 c. blanc, 15 c. rose, 25 c. violet, 40 c. bleu.

1858. *Nom (Duc. di Parma Piac. Ecc.), armoiries surmontées d'une
couronne.* — C. — PB. — Ty. — ▯

15 centesimi vermillon, 25 c. brun, 40 c. bleu.

*Même timbre.*

25 centesimi vert.

NB. Nous croyons devoir considérer ce timbre, soit comme une
réimpression, soit comme un essai.

1854. *Timbre de journal. Nom (Stati Parmensi).* — N. — PC. — Ty. — Oct.

9 centesimi bleu.

1 novembre 1854. *Timbre de journal. — Nom* (Stati Parmensi). —
N. — PC. — Ty. — Oct.

5 centesimi rose.

## Gouvernement provisoire.

Septembre 1859 - avril 1860. *Nom* (Stati Parmensi). — C. — PB. —
Ty — Oct.

5 centesimi vert clair. 5 c. vert foncé. 10 c. brun. 20 c. bleu, 40 c.
rouge vermillon. 40 c. rouge brun, 80 c. jaune brun,
80 c. jaune orange.

# MODÈNE.

**TIMBRES.**

## Duché.

1 mai 1852. *Inscription* (Poste estensi), *armoiries* (aigle couronnée)
*entre deux branches.* — N. — PC. — Ty. — ☐

5 centesimi vert, 10 c. rose, 10 c. violet, 15 c. jaune, 25 c. brun
clair, 40 c. bleu, 1 lira blanc. (Fil: A.)

1 janvier 1856. *Mêmes timbres (pour journaux).*

9 c. B. G. violet.

*Même timbre, chiffre de valeur plus gros.*

9 c. B. G. violet.

*Mêmes timbres, légère différence dans la gravure de la tête de
l'aigle.*

15 centesimi jaune.

**Variété:** *Mêmes timbres.*

5 cnet. vert. 5 cent vert. .. cent vert. 5 cent vert. 5 cen1 vert,
10 cen1. violet, 10 cnet. rose. 10 cene. rose, 10 ce6t
rose. 10 ce = t rose, 15 cnet. jaune. 15 cetn. jaune,
.. c... brun clair, 2. cent brun clair, 40 cnet. bleu,
10 c. bleu. 4 c. cent. bleu. 40 ce6t bleu, 40 cene bleu.

NB. Les clichés de ces timbres paraissent avoir été d'un seul
morceau, à l'exception de la ligne indiquant la valeur, qui aurait été
composée en lettres mobiles: ces variétés s'expliqueraient dès lors
par des accidents de tirage.

## TIMBRE DE JOURNAL.

1859. *Inscription* (Tassa gazzette), *armoiries (aigle couronnée).* — X. — PB. — Ty. — □

10 centesimi blanc.

## Gouvernement provisoire.

Août 1859 - 18 mars 1860. *Inscription* (Provincie Modonesi). *armoiries (croix de Savoie dans un écusson surmonté d'une couronne, etc.)* — C. — PB. — Ty. — □

5 centesimi vert, 15 c. chocolat, 20 c. azuré, 20 c. lilas, 40 c. rose. 80 c. jaune orange.

Ces timbres ont été réimprimés.

**Variété:** *Mêmes timbres.*

5 cent brun, **20** cent bleu, 20 cent. lilas, 8 cent orange, 80 cent orange, 80 crey orange.

Nota. Depuis 1860 on se sert des timbres du royaume d'Italie.

---

# TOSCANE.

**TIMBRES.**

## Grand-duché.

1 juillet 1849. *Nom* (Franco bollo postale toscano), *armoiries (lion couronné, assis, avec écusson).* — C. — PVA. (Fil: *couronne ducale et lignes [occupant l'espace de plusieurs timbres].* — Ty. — □

1 quattrino noir, 1 soldo jaune, 2 soldi rouge, 1 crazia rose foncé, 2 cr. bleu, 4 cr. vert foncé, 6 cr. bleu foncé, 9 cr. brun, 60 cr. brun rouge.

1851 ou 1852. *Même timbre.* — C. — PVB. (Fil: *lignes ondulées croisées, avec lettres d'une inscription).* — Ty. — □

1 quattrino noir, 1 soldo jaune, 1 crazia rose, 2 cr. bleu clair, 4 cr. vert, 6 cr. bleu, 9 cr. violet brun.

Nombreuses variétés de nuances.

Nota.   12 crazie = 1 lira toscana = 84 centimes.
20 soldi = 1 lira toscana.
100 centesimi = 1 lira toscana.
3 quattrini = 1 paolo = 56 centimes.

### Chiffre-taxe pour journaux.

1854. *Inscription* (Bollo straordinario per de poste) *en* ◯. *chiffre* — N. — PB. (*pelure*). — ◯.

2 soldi.

> NOTA. Ce timbre était une espèce de chiffre-taxe apposé sur les journaux autrichiens.

## Gouvernement provisoire.

Juillet 1859-1861. *Nom, armoiries* (*croix de Savoie dans un écusson*). — C. — PVB. (Fil. divers). — Ty. — ▢

1 centesimo violet, 1 c. violet foncé, 1 c. mauve, 5 centesimi vert. 5 c. vert jaune, 10 c. brun, 10 c. brun clair, 10 c. gris noir, 20 c. bleu, 20 c. bleu clair, 20 c. bleu pâle, 40 c. rose, 80 c. rouge pâle, 3 lire orange.

> NOTA. Depuis le mois d'avril 1861 on se sert des timbres du royaume d'Italie.

# ROMAGNE.

## Gouvernement provisoire.

### TIMBRES.

Juillet 1859 - 18 mars 1860. *Nom, valeur en chiffres.* — N. — PC. — Ty. — ▢

½ bajocco brun clair, 1 baj. gris, 2 baj. jaune, 3 baj. vert, 4 baj. brun rouge, 5 baj. lilas, 6 baj. vert, 8 baj. rose, 20 baj. bleu clair.

> NOTA. Ces timbres ont été remplacés, en mars 1860, par ceux du royaume d'Italie.

# ÉTATS DE L'ÉGLISE.

### TIMBRES.

1 janvier 1852. *Inscription* (Franco bollo postale), *armoiries* (*couronne papale, avec clefs en sautoir*). — N. — PMC. — Ty.

½ bajocco gris (◯), ½ baj. lilas pâle (◯), 1 baj. vert (◖). 2 baj. vert (▢), 3 baj. brun clair (◯), 4 baj. brun clair (◯). 4 baj. jaune (◯), 5 baj. rose (▢), 6 baj. gris bleuâtre (Oct.), 7 baj. bleu (Oct.), 8 baj. blanc (Oct.).

> NOTA. Couleurs très-variées de nuances.

*Même timbre.* — C. — PMB. — Ty. — ▢

50 bajocchi bleu. 1 scudo vermillon.

1862. *Même timbre.*

$\frac{1}{2}$ bajocco violet.

1865. *Même timbre, avec légère différence de gravure.*

50 bajocchi bleu foncé.

1865. *Même timbre.*

6 bajocchi gris-perle.

---

# DEUX-SICILES.
## NAPLES (Continent).

**TIMBRES.**

### Royaume.

1 janvier 1858. *Nom, armoiries avec encadrement spécial pour chaque timbre.* — C. (laque rouge) — PVB (Fil: *fleurs de lis ou fragments*). — TD.

$\frac{1}{2}$ grano (▢). 1 gr. (▢). 2 gr. (▢), 5 gr. (▢), 10 gr. (▢) 20 gr. (▢), 50 gr. (▢).

### Gouvernement provisoire.

Septembre 1860. *Même timbre.* ▢

$\frac{1}{2}$ tornese bleu.

Octobre 1860-1861. *Nom, armoiries (croix de Savoie).* — C. — PVB. — TD. — ▢

$\frac{1}{2}$ tornese bleu.

### SICILE (Île).

### Royaume.

1 janvier 1859-1861. *Nom, tête du roi Ferdinand II, à g.* — C. — PB. — TD. — ▢

$\frac{1}{2}$ grano jaune-orange. 1 gr. brun-olive. 2 gr. bleu clair, 5 gr. rouge, 5 gr. carmin. 10 gr. bleu foncé. 20 gr. noir bleuâtre. 50 gr. brun rouge.

Nota. Couleurs de nuances variées.

De 1861 au 1 janvier 1863 on s'est servi tant à Naples qu'en Sicile des timbres italiens spéciaux aux provinces napolitaines (page 56). Depuis 1862 ce sont les timbres italiens proprement dits qui ont seuls cours.

Nota. 100 grana = 1 ducato = 4 fr. 25 c.

# ESPAGNE (Royaume d').

**TIMBRES**.

1850. *Tête de la reine Isabelle II, couronnée, à d., en □. date.* — C. — PB. — Ty. — □

6 cuartos noir (tête tournée à gauche), 12 c. violet, 5 reales rouge. 5 r. rouge brun, 6 r. bleu, 10 r. vert.

1851. *Tête de la reine, à d., en ◯. date.* — C. — PB. — Ty. — □

6 cuartos noir, 12 c. violet, 2 reales rouge, 5 r. rose, 6 r. bleu, 10 r. vert.

1852. *Tête de la reine, à g., en ◯. date.* — C. — PB. — Ty. — □

6 cuartos rose, 6 c. carmin, 12 c. violet foncé, 12 c. gris violet, 2 reales rouge pâle, 5 r. vert, 6 r. bleu clair verdâtre.

1853. *Tête de la reine, à d., en ◯. date.* — C. — PB. — Ty. — □

6 cuartos rouge, 12 c. violet, 2 reales vermillon, 5 r. vert, 6 r. bleu.

Janvier 1854. *Armes d'Espagne (lion et tour) surmontées d'une couronne, date.* — C. — PB. — Ty. — □

6 cuartos rouge carmin, 2 reales orange, 5 r. vert, 6 r. bleu.

1 novembre 1854 – 31 mars 1855. *Timbres semblables.* C. — PB. — Ty. □

2 cuartos vert (sans date), 4 c. rose (PB), 4c. rose (PA), 1 real indigo.

Nota. Changement de taxe nécessitant l'émission de nouvelles valeurs.

1855. *Tête de la reine, à d., en ◯* — C. — PVA. (Fil: ⋎⋎⋎) — Ty. — □

2 cuartos vert, 4 c. rose foncé, 1 real bleu, 2 r. chocolat.

Nota. Le 4 c. varie du carmin au brique foncé.

1856. *Même timbre.* — C. — PVB. (Fil: *losanges*).

2 cuartos vert, 4 c. rose, 1 real bleu, 2 r. violet.

NOTA. Le 4 c. varie du rose au brique foncé.

1857. *Même timbre.* — C. — PMB.

2 cuartos vert, 4. c. rose, 12 c. vermillon, 1 real bleu, 2 r. brun.

NOTA. Il n'est pas certain que le timbre de 12 cuartos ait été mis en circulation. — Le 4 c. présente de nombreuses nuances.

1860. *Tête de la reine, à g., en* ◯ *—* C. — *Papier légèrement teinté de la couleur du timbre, sauf le* 12 *cuartos et le* 1 *real.* — Ty. — ☐

2 cuartos vert, 4 c. orange, 12 c. carmin sur papier jaunâtre, 1 real bleu sur verdâtre, 2 r. lilas.

1861. *Même timbre.*

19 cuartos brun rouge.

1862. *Nom* (España), *tête de la reine, à g., en* ◯ — C. — *Papier légèrement coloré.* — Ty. — ☐

2 cuartos bleu sur jaune, 4 c. brun sur brunâtre, 12 c. bleu sur rosé, 19 c. rose sur azuré, 1 real brun sur jaune, 2 r. vert sur rosé.

1 janvier 1864. *Inscription* (Correos), *tête de la reine, à g., en* ◯, *date.* — C. — *Papier légèrement teinté.* — Ty. — ☐

2 cuartos bleu sur lilas, 4 c. vermillon sur rougeâtre, 12 c. vert sur rosé, 19 c. lilas sur rosé, 1 real brun sur verdâtre, 2 r. bleu sur rosé.

1 janvier 1865. *Nom* (España), *tête de la reine, à g., en* ◯, *lion et tour dans les angles supérieurs, valeur dans les angles inférieurs.* C. — PB. — Ty. — ☐

2 cuartos rouge, 1 real vert clair, 1 r. vert foncé, 2 r. rose lilacé.

1 janvier 1865. *Même timbre,* pi. 14.

4 cuartos bleu clair, 4 c. bleu foncé.

1 janvier 1865. *Même timbre, imprimé en deux couleurs.*

12 cuartos bleu, centre rose, 19 c. brun, centre rose.

Juin 1865. *Même timbre,* pi. 14.

2 cuartos rouge, 2 c. rose, 12 c. bleu, centre rose, 19 c. brun, centre rose, 1 real vert, 2 r. rose lilacé, 2 r. rose pâle.

1 janvier 1866. *Inscription* (Correos), *tête de la reine, à g. en* C.
*deux petits écus couronnés dans les angles supé-*
*rieurs.* — C. — PB. — Ty. — ☐ — pi. 14.
2 cuartos rose, 4 c. bleu, 12 c. orange, 19 c. brun, 10 cent. de
esc.o vert, 20 c. de esc.o lilas.

Août 1866. *Inscription* (Correos), *tête de la reine, à g. en* C. *date*
*(type de 1864).* — C. — PMB. — Ty. — ☐ — pi. 14.
20 centimos violet.

1 janvier 1867. *Inscription* (Correos de Espana), *tête de la reine,*
*couronnée à g., en* C. — C. — PMB. — Ty. — pi. 14.
2 cuartos brun, 4 c. bleu, 12 c. orange, 19 c. rose, 10 cent. de
esc. vert, 20 c. de esc. violet.
Nota. 10 reales = 1 escudo = 2 fr. 70 c.

Ville de Madrid.

Novembre 1852. *Inscription* (Correo interior), *armoiries, ours*
*grimpant sur un arbre en* C, *surmontées d'une*
*couronne, encadrement oct.* — C. bronze — PB. —
Ty. — ☐
3 cuartos.

Octobre 1853. *Même timbre.*
1 cuarto.

TIMBRES OFFICIELS.

1854. *Inscription* (Correo officiel), *armes d'Espagne, date.* — N. —
PC. — Ty. — ☐
1/2 onza jaune, 1 onza rose, 4 onzas vert, 1 libra bleu pâle.

1855-1865. *Armes d'Espagne, sans indication de date.* — N.
PC. — Ty. —
1/2 onza jaune, 1 onza rose, 4 onzas vert, 4 onzas vert bleuâtre.
1 libra bleu-pensée.

1863-1865. *Même timbre.*
1/2 onza jaune-paille, 1 libra gris clair.

*Mêmes timbres.* — N. — PC. — Li.
1/2 onza jaune, 1 onza rose pâle, 1 onza rose vif, 4 onzas vert.
1 libra bleu-pensée.
Nota. Ces timbres ont été employés aux Canaries, peut-être aussi
dans d'autres colonies.

# COLONIES ESPAGNOLES.

## Cuba et Porto-Rico (Amérique) et Philippines (Océanie).

### TIMBRES.

1 janvier 1855. *Tête de la reine, à d., en* ◯ — C. — PVA. (Fil : 〰〰〰) — Ty. — ▢

½ real plata vert bleu. ½ r. pl. bleu noir. 1 r. pl. vert. 2 r. pl. rouge foncé.

> L'émission de 1855 est restée en usage aux Philippines *pour la correspondance avec l'Espagne* jusqu'en 1864 et a été remplacée à cette époque par des timbres spéciaux ; les émissions à partir de 1856 ne concernent donc que Cuba et Porto-Rico.

*Même timbre, avec l'inscription en noir :* Y ½.

2 real plata rouge foncé.

*Mêmes timbres :* Y *et chiffres plus gras.*

2 real plata rouge foncé.

> Quelques personnes pensent qu'on a employé, au moyen de cette addition, les timbres de 2 reales, qui servaient peu, en guise de timbres de ½ real plata : il paraît plus probable que ce timbre valait 2½ reales plata.

1856. *Même timbre.* — C. PVB. (Fil : *losanges*). — Ty. — ▢

½ real plata bleu. ½ r. pl. bleu verdâtre. ½ r. pl. bleu foncé. 1 r. pl. vert. 1 r. pl. vert clair, 2 r. pl. rouge-orange.

*Même timbre, avec l'inscription en noir :* Y ½.

2 reales plata rouge-orange.

1857. *Même timbre.* — C. PMB. — Ty. — ▢

½ real plata bleu. 1 r. pl. vert. 1 r. pl. vert clair. 1 r. pl. vert jaunâtre, 2 r. pl. rose. 2 r. pl. rouge-orange.

1857. *Même timbre, avec l'inscription noire :* Y ½.

2 real plata rose.

1857. **Variété :** *Même timbre (cercle de 73 perles inégales).* — Li.

½ real plata bleu.

1857. **Variété :** *Même timbre (cercle de 74 perles inégales).* — Li.

1 real plata vert.

1857. **Variété :** *Même timbre (cercle de 79 perles).* — Li.

½ real plata bleu. 1 r. pl. vert.

> Nota. La série normale typographiée a le cercle de 73 perles égales.

**1862.** *Tête de la reine, à g., en* ○ — X. — PB. — Ty. — ▢

½ real plata noir.

**1864.** *Tête de la reine, couronnée, à g.* — C. — Papier teinte. —
Ty. ▢

½ real plata noir (papier chamois). ½ r. pl. vert clair (papier rose).
1 r. pl. bleu (papier chamois). 2 r. pl. vermillon (papier chair).

NOTA. 8 reales = 1 piastre forte = 5 fr. 40 c.

**1866.** *Inscription (Correos) en haut; en bas, valeur et millésime.*
C. PB. Ty. ▢

5 centimos lilas. 10 c. bleu. 20 c. vert. 40 c. rose.

**1866.** *Même timbre que 1864, surchargé en noir des chiffres : 66
en caractères gras.* X. PC. Ty. ▢

½ real pl. f. paille.

NOTA. Émis par suite d'épuisement de l'approvisionnement de
5 centimos ci-dessus.

**1867.** *Mêmes timbres, millésime 1867.* — C. PMB. Ty. ▢
pl. 14.

5 centimos lilas. 10 c. bleu. 20 c. vert. 40 c. rose.

### Réimpression.

*Mêmes timbres que ceux de 1857.*

½ real plata bleu vif. 1 real plata vert clair. 2 reales plata rose.

---

# PORTUGAL (Royaume de).

Les mêmes timbres sont employés dans les colonies portugaises

### TIMBRES.

Juin 1853. *Inscription (Correio). Tête de la reine Maria II, à g.
en R. bl.* — C. — PB. — Formes variées. — Ty.

5 reis brun. 25 r. bleu clair. 25 r. bleu foncé. 50 r. vert. 100 r. lilas.

1 février 1855. *Mêmes timbres, tête du roi Pedro V, à d., en R. bl.
cheveux plats.*

5 reis brun. 25 r. bleu. 50 r. vert. 100 r. lilas.

*Mêmes timbres, cheveux bouclés.*

5 reis brun foncé. 5 reis brun. 25 reis bleu.

1858. *Même timbre.*

25 reis rose.

1862. *Timbres semblables, tête du roi Luis I, à g., en R. bl.*

5 reis brun. 10 reis jaune. 25 reis rose. 50 reis vert. 100 reis lilas.

1 août 1866. *Nom, tête du roi, à g., en R. bl. —* C. — PMB. — Ty. — ▢

5 reis noir. 10 r. jaune-orange. 20 r. gris jaune, 25 r. rose, 50 r. vert. 80 r. orange. 100 r. lilas. 120 r. bleu.

### Réimpression de 1864.

*Timbres à l'effigie de la reine Donna Maria.*

5 reis brun. 25 reis bleu. 50 reis vert. 100 reis lilas.

NOTA. Il est assez facile de distinguer les timbres réimprimés de l'émission véritable, les nuances de couleur n'ayant pas été exactement reproduites.

1,000 reis. 1 milreis = 5 fr. 60 c.

---

# AFRIQUE.

## ÉGYPTE (Vice-royauté d').

### TIMBRES.

1865. *Ornementation orientale, valeur dans les angles ; inscriptions arabes imprimées typographiquement en noir sur les timbres. —* C. — PVB. (Fil: *Pyramide sauf pour le 1 piastre).* — Ty. ▢ — pi. 13.

5 paras gris vert. 10 p. bistre. 20 p. bleu pâle. 1 piastre lilas. 2 p. jaune. 5 p. rose. 10 p. bleu gris

*Même timbre. —* PVB. (Fil: *pyramide.)*

10 piastres bleu gris

## SIERRA-LEONE (Colonie anglaise).

### TIMBRES.

*Nom, tête de la reine Victoria, à g. —* C. — PB. — Ty. — ▢

6 pence violet.

*Même timbre*, PA.

6 pence violet.

*Même timbre*, pi.

6 pence violet.

# LIBÉRIA (République de).

### TIMBRES.

1860. *Nom, déesse de la Liberté, assise ; au fond un vaisseau.* —
C. — PB. — Ty. — ☐ — pi. 12.

6 cents rouge, 12 c. bleu, 24 c. vert.

*Mêmes timbres, non piqués.*

6 cents rouge. 12 c. bleu, 24 c. vert.

NOTA. Par suite d'un accident arrivé à la machine à piquer, on émit pendant quelque temps des timbres non piqués. On trouve quelques exemplaires qui portent, par leur piqûre imparfaite, les traces de cet accident.

Janvier 1864. *Mêmes timbres, entourés d'un double encadrement.*
— pi. 11 et 12.

6 cents rouge, 12 c. bleu. 24 c. vert.

*Même timbre, non piqué.*

6 cents rouge.

# SAINTE-HÉLÈNE (Colonie anglaise).

### TIMBRES.

1855. *Nom* (St. Helena), *tête de la reine Victoria, n g.* — C. —
PVB. (Fil : *étoile*). — TD. — ☐

6 pence bleu.

1862. *Même timbre*, pi. 14. puis 15

6 pence bleu.

1863. *Même timbre.*

6 pence bleu azuré.

Avril 1863. *Même timbre (planche du timbre : 6 pence ; valeur imprimée en noir en travers du timbre.* — PVAB. Fil : *couronne.* CC.)

1 penny carmin. 4 pence rose

Février 1864. *Même timbre.*

1 shilling vert.

1864. *Mêmes timbres,* pi. 13.

1 penny carmin. 4 pence rose. 1 shilling vert.

# CAP DE BONNE-ESPÉRANCE (Colonie anglaise).

## TIMBRES.

? 1857. *Nom* (Cape of good Hope), *déesse de l'Espérance et ancre.* —
C. — PVA. — Ty. — Triangulaire.

1 penny carmin, 1 penny brun rouge.

NOTA. La coloration du papier est due à la gomme bleuâtre, qui a été employée pendant quelque temps.

1857. *Mêmes timbres.* — C. — PVB. (Fil: *ancre.*)

1 penny carmin. 4 pence bleu, 6 pence lilas (1858), 1 shilling vert (1858).

NOTA. Il existe des timbres de 4 p. noir bleu, qui sont le produit d'une réaction chimique.

1860. **Variété :** *Mêmes timbres.* — C. — PVB. — Ty. — *Exécutés grossièrement.*

1 penny rouge. 1 p. rose. 1 p. bleu. 4 pence bleu clair. 4 p. bleu foncé, 4 p. rouge. 4 p. rose.

NOTA. Gravés sur bois et imprimés au Cap même, par suite de retard dans les arrivages d'Angleterre.

1863. *Même timbre que ceux de* 1860, *couleurs plus vives.* — C. — PVB. (Fil: *ancre).*

1 penny carmin. 4 p. bleu, 4 p. bleu (papier bleuâtre). 6 p. violet clair. 6 pence violet. 1 shilling vert pâle.

1863. *Nom, déesse de l'Espérance, ancre, etc.* — C. — PVAB. Fil: *couronne. (C.)* — Ty. — ☐ — pi.

1 penny rose (1865). 4 p. bleu (1865). 6 p. lilas (1865), 1 shilling vert.

# NATAL (Côte de). [Colonie anglaise.]

## TIMBRES.

1857. *Nom, couronne et valeur en* R. — PC. — Ty. — ☐

1 penny rose. 1 p. bleu. 1 p. jaune-orange. 3 pence rose. 6 p. vert clair. 9 p. bleu. 1 shilling orange pâle.

1859. *Nom, buste de la reine, couronné, en* ⊃ — C. — PVB. (Fil: *étoile*

— Ty. — ▢

3 pence bleu.

1860. *Mêmes timbres.* — PVB. (Fil: *étoile*). — pi. 15¹⁄₂.

1 penny carmin, 3 p. bleu, 6 p. gris-lilas.

*Mêmes timbres.* — PB. — pi. varie (15¹⁄₂. 14 et 13).

1 penny carmin, 3 p. bleu, 6 p. lilas.

1864. *Mêmes timbres.* — PVAB. (Fil: *couronne*. CC.) — pi. 13¹⁄₂.

1 penny carmin vif, 6 p. lilas.

1867. *Même timbre.* — PVAB. Fil: *couronne*, CC.) — pi. 13¹⁄₂.

1 penny rouge pâle, 6 pence lilas ardoise foncé.

### Réimpression de 1867.

1857. *Nom, couronne et valeur en* R. — PG. — Ty. — ▢

1 penny rose, 1 p. bleu, 3 pence rose, 6 p. vert, 9 p. bleu,

1 shilling orange pâle, 1 sh. bistre.

Nota. Les nuances sont différentes de celles des timbres originaux.

# RÉUNION (Ile de la). [Colonie française.]

## TIMBRES.

1 janvier 1852 — 1859. *Nom, vignettes courant tout le timbre.* —

C. — PA. — Ty. — ▢

15 centimes noir, 30 c. noir.

### Réimpression de 1866.

*Même timbre.* — PA. moins satiné.

15 centimes noir, 30 c. noir.

Nota. Actuellement on se sert des timbres des colonies françaises.
(Voy. p. 12.)

# MAURICE (Colonie anglaise).

## TIMBRES.

1855-1856. *Inscription:* (Postage, post paid Mauritius). *tête de la
reine, avec diadème.* Mauritius *de bas en haut,
valeur au bas du timbre, tailles diagonales de droite
a gauche.* — C. — PB. et PA. — TD. — ⊃

1 penny rouge, 2 pence bleu.

*Même timbre, papier jaunâtre*

1 penny rouge.

*Timbre semblable, tailles diagonales entrecroisées.*

1 penny vermillon.

*Même timbre, reine avec cercle sur la tête, Mauritius de bas en haut, fond avec tailles diagonales entrecroisées. — C. — PB.*

2 pence bleu foncé.

*Timbre semblable, reine avec petit cercle, cheveux relevés, Mauritius de haut en bas, tailles verticales. — C. — PA.*

2 pence bleu. 2 p. bleu clair.

> NOTA. Il existe plusieurs gravures de ces différents timbres, qui présentent en outre des différences très-fortes résultant de l'usure plus ou moins grande des planches ; c'est ainsi que la planche du dernier type a été tellement fatiguée, que dans le dernier tirage on ne distingue plus que les tailles verticales.

1856. *Nom* (Mauritius). *Britannia assise, sans indication de valeur. — C. — PB. — TD. —* ▯

Vert foncé (4 pence), vermillon (6 pence), rouge-brique (6 pence), violet (9 pence).

1857. *Mêmes timbres.*

Vert foncé (inscription noire: *four pence,* en travers du timbre).

1858. *Nom, tête de la reine, à g. (gravés sur bois), encadrement grec. — C. — PVB. — Li. —* ▯

1 penny vermillon. 1 p. orange. 2 pence bleu. 2 p. ardoise.

1860. *Nom, placé en haut, valeur en bas, type de 1856. — C. — PB. — Ty. —* ▯

6 pence bleu. 1 shilling vermillon.

*Même timbre. — C. — PB. — Ty. —* ▯

6 pence brun violet. 1 shilling vert clair.

*Même timbre, pl. 15 et 14½.*

6 pence violet foncé. 1 shilling vert foncé.

1861. *Nom, tête de la reine, à g., en ? — C. — PB. — Ty —* ▯ — pl. 14

1 penny brun. 2 pence bleu. 4 p. rose. 6 p. vert. 9 p. violet foncé. 1 shilling fauve.

*Même timbre que* 1861, pi. 14.

6 pence lilas. 1 shilling vert bleuâtre.

1 septembre 1863. *Même timbre.* — PVAB. (Fil: *couronne, CC.*). pi. 14.

3 pence écarlate, 1 sh. jaune-orange.

1864. *Même timbre.* — PVAB. (Fil: *couronne, CC.*), pi. 14.

5 shillings violet.

1866. *Même timbre.* — PVAB. (Fil: *couronne, CC.*), pi. 14.

6 pence vert.

### ENVELOPPES.

*Nom, tête de la reine, à d., en* R. bl. — C. — PA. — Ty. — G.

6 pence violet (○). 9 p. violet brun (enneagone irrégulier).

1863. *Nom, tête de la reine, à d., en* R. bl. — C. — PA. — Ty. — G. - Grand format.

6 p. brun clair (○). 1 shilling jaune (○).

---

# ASIE.

## INDES (Colonie anglaise).

### TIMBRES.

1854. *Nom* (India). *tête de la reine Victoria, à g., en* ☐ — C. — PVB. — ? Ty. — ☐

½ anna bleu. 1 anna rouge. 2 annas vert. 2 annas vert bleuâtre.

1854. *Nom* (India). *tête de la reine, à g., en* ○ — PVB. — Li. (imprimé en deux couleurs). — Oct.

4 annas rouge (encadrement) et bleu (tête).

1858. *Nom* (East India), *tête de la reine, à g., en* ☐ — C. — PA. — Ty. — ☐ — pi. 14.

1 anna brun. 4 annas noir, 8 annas rose.

1861. *Mêmes timbres.* — PVAB. — pi. 14.

½ anna bleu. 1 anna brun. 2 annas vert. 2 annas jaune. 2 annas rouge. 4 annas noir. 8 annas rose.

1865. *Même timbre.* — PVAB. (Fil: *tête d'éléphant*) — pi. 14.

½ anna bleu. 1 anna brun. 2 annas jaune orange, 4 annas vert, 8 annas rose.

*Inscription* (Six annas), *tête de la reine, à g., en* ◯. *le mot:*
Postage *frappé en vert au haut du timbre. —* C. —
PMA. et PMB. — TD. — Grand ☐ — pi. 14.

6 annas violet.

NOTA. Timbre provisoire pour lequel on s'est servi d'un *foreign bill
stamp* (timbre pour effets de commerce étrangers). L'inscription verte:
*Postage* se rencontre en deux grandeurs différentes.

*Inscription* (East India postage), *tête de la reine, à g., en* ◯ — C. —
PMAB. (Fil: *tête d'éléphant*). — ☐, pans arrondis. —
pi. 14.

4 annas vert.

### TIMBRES DE JOURNAL.

1860. *Nom* (East India), *tête de la reine, à g., en* ◯ — C. — PB. —
Ty. — Oct. — pi. 14.

8 pies lilas.

### ENVELOPPES.

1860. *Tête de la reine, à g., en* R. bl. — C. — Ty. — ◯ — G.

$\frac{1}{2}$ anna bleu sur PB.

$\frac{1}{2}$ anna bleu sur PV. jaunâtre.

1 anna brun sur PA.

NOTA. 16 annas = 1 rupie = 2 fr. 40 c.
**12 pies** = 1 anna.

## KASHMIR (Royaume de).

1866. *Timbre rond, avec caractères orientaux. —* C. — PB. — Frappé
à la main. — ◯

Bleu, noir, rouge.

*Timbre semblable* — C. — P. jaunâtre. — Frappé à la main. — ☐

Bleu, noir.

NOTA. Nous manquons encore de renseignements sur ces timbres.

## CEYLAN (Colonie anglaise).

1857. *Nom* (Ceylon), *tête de la reine Victoria, à g. —* C. — PVB.
(Fil: *étoile*). — Ty. — ☐

$\frac{1}{2}$ penny lilas (sur papier glacé sans fil.). 1 p. bleu. 2 p. vert
5 p. brun rouge. 6 p. brun rose. 6 p. chocolat (gomme
verte). 10 p. rouge vermillon. 1 shilling lilas.

*Mêmes timbres,* Oct.

4 pence carmin. 8 p. châtain, 9 p. brun rougeâtre, 1 shilling 9 p. vert. 2 sh. bleu.

1861. *Mêmes timbres.* — PVB. (Fil: *étoile*). — pi. très-varié (15, 15½, puis 14½, 14 .

½ penny lilas (papier glacé, sans fil.), 1 p. bleu, 2 p. vert. 5 p. brun rouge, 6 p. brun, 8 p. brun, 9 p. brun rougeâtre, 10 p. rouge vermillon, 1 shilling lilas. 1 sh. violet. 2 sh. bleu.

1863. *Mêmes timbres.* — PVB. (Fil: *étoile*). — pi. très-varié.

5 pence brun rouge, 6 p. brun noir, 8 p. brun clair, 9 p. brun. 9 p. bistre.

*Mêmes timbres.* — PVB. (sans fil.).

1 penny bleu. 5 pence brun rouge, 6 p. brun noir. 9 p. brun. 1 shilling violet.

Nous avons rencontré des exemplaires du 6 p. avec fil: U et du 8 p. avec fil: S que nous croyons devoir rattacher à cette émission en raison de la pâte du papier; nous supposons que le filigrane n'est pas un filigrane *postal*, mais une marque de fabrique (nom du fabricant, peut-être *Saunders*).

1864. *Même timbre.* PVAB. (Fil: *couronne, CC.*), pi. 12½.

½ penny lilas, 1 p. bleu. 2 p. vert bleuâtre. 2 p. vert arsenic. 4 p. rose, 5 p. brun rouge. 5 p. vert sale, 6 p. brun noir. 8 p. marron. 9 p. bistre brun. 2 sh. indigo.

1867. *Nom. tête de la reine. couronnée, à g., en* ○ — C. — PVAB. (Fil: *couronne, CC.*) — Ty. — ☐ — pi. 12½.

3 pence rose.


**ENVELOPPES.**

1861. *Nom, tête de la reine Victoria, à g.,* R. bl. — C. — PB. — Ty.

1 penny bleu (○). 2 pence vert (○). 4 p. rose (○). 5 p. brun (○). 6 p. violet (○). 8 p. chocolat (Oct.). 9 p. violet (☐). 1 shilling jaune (○). 1 sh. 9 p. vert (☐). 2 sh. bleu (Oct.).

# CHINE.

## HONG-KONG (Colonie anglaise en Chine).

1862. *Nom, tête de la reine Victoria, à d., caractères chinois des deux côtés.* — C. — PMB. — Ty. — ▢ — pi. 14.

2 cents brun, 8 c. jaune-orange, 12 c. bleu, 18 c. violet, 24 c. vert, 48 c. rose, 96 c. bistre noir.

1863. *Même timbre.* — PVAB. (Fil: *couronne, CC.*), pi. 14.

4 cents vert bleuâtre, 6 c. violet, 30 c. rouge.

1865. *Même timbre.* — PVAB. (Fil: *couronne, CC.*), pi.

2 cents brun, 8 c. jaune-orange vif, 48 c. rouge-carmin vif, 96 c. brun jaunâtre, 96 c. brun noir.

## SHANGHAÏ (Colonie anglaise en Chine).

*Inscription* (Shanghaï, Amoy, Ning-Po, Hongkong), *tour, aigle, vaisseau, etc.* — C. — PMB. — Li. — ▢

3 candareen bleu, 5 c. rouge, 10 c. jaune-orange.

NOTA. Ces timbres sont considérés comme étant de pure invention et fabriqués pour les collectionneurs; les caractères chinois n'ont aucun sens.

1865. *Inscription* (Shanghaï L. P. O.), *dragon en* ▢, *à d. et à g. caractères chinois. (Chang-haï. Bureau du travail. Bureau de poste. ... candareen.)* — C. — PB. — Ty. — Grand ▢

1 candareen bleu, 2 c. noir, 3 c. brique, 4 c. jaune, 6 c. brique, 8 c. vert, 12 c. brique, 16 c. vermillon.

*Mêmes timbres.* — PVMB.

1 candareen bleu, 4 c. jaune.

1866. *Inscription* (Shanghaï L. P. O.), *dragon en* ▢ *orné.* — C. — PB. — TD. — ▢ — pi. 12.

2 cents rose, 4 c. lilas, 8 c. bleu, 16 c. vert.

1866. *Mêmes timbres.* — C. — PB. — TD. — ▢ — pi. 15.

1 candareen brun, 3 c. jaune orange, 6 c. gris bleuâtre, 12 c. brun blanchâtre.

1 candareen = 7½ centimes.

# OCÉANIE.

## PHILIPPINES (Iles des). [LUÇON, etc., colonie espagnole.]

NOTA. Pour les lettres à destination d'Europe on s'est servi jusqu'en 1864 des timbres ordinaires des colonies espagnoles, émission 1855. (Voy. p. 66.)

### TIMBRES.

1 janvier 1854. *Inscription: Franco (avec indication de la valeur). Correos 1854 y 1855: tête de la reine, couronnée, à d., en* ◯ *perlé* — C. — PVB. TD. — ▢

5 cuartos orangé. 10 c. carmin foncé. 10 c. rose pâle. 1 real f^le bleu pâle. 1 r. f^le bleu foncé. 2 r. f^le vert. 2 r. f^le vert pâle.

NOTA. Ces timbres présentent des différences sensibles de gravure, chacun des timbres composant la planche a été gravé séparément. On rencontre des exemplaires du 1 real et du 2 reales de couleur brune; mais en l'absence de renseignements positifs, nous serions tenté d'expliquer ce fait par un changement de couleur accidentel. — On rencontre aussi quelques exemplaires du 1 real portant *Corros* au lieu de Correos.

1856. *Inscription (Correos 1854 y 1855. franco. tête de la reine couronnée, à d., en* ◯. — C. — PB. — Li. — ▢.

5 cuartos rouge orange.

1860. *Inscription (Correos. interior), tête de la reine. à d., en* ◯ *perlé* — C. — PB. — Li. — ▢

5 cuartos orangé. 5 c. vermillon. 10 c. rose.

NOTA. Il existe 1 dessins différents de ces deux timbres.

1862. *Timbre semblable (les traits indiquant les cheveux touchent d'un côté la couronne, de l'autre la raie des cheveux).* C. — PB. — Li. ▢

5 cuartos vermillon.

? Janvier 1863. *Timbre semblable plus petit.*

5 cuartos vermillon pâle.

1863. *Inscription (Correos : interior). Timbre semblable.*

5 cuartos vermillon. 10 c. carmin. 1 real violet foncé. 2 reales bleu.

**Variété** : *Haut de la tête plus rapproché du médaillon.*

5 cuartos vermillon.

Fin 1863. *Inscription (Correos), timbre semblable.*

1 real plata f. gris bleu.

? Janvier 1864. *Même timbre.*

1 real plata f. vert clair.

1864. *Inscription* (Correos), *tête de la reine, à g.* — C. — (Pap. teinté.)— Ty. — ⬜

3¹⁄₈ cents noir sur maïs, 6²⁄₈ c. vert sur lilas, 12⁴⁄₈ c. bleu sur saumon, 25 c. rouge sur lilas.

## INDE NÉERLANDAISE (Colonie hollandaise).

1 avril 1864. *Nom* (Nederl. Indie). *tête du roi Guillaume III, à g.* — C. — PB. — Ty. — ⬜

10 cents carmin.

> NOTA. Nous indiquons la date d'émission de ce timbre, qui s'est trouvé dans un grand nombre de collections avant cette époque, ayant été fabriqué à Utrecht.
>
> 100 cents hollandais = 2 fr. 10 c.

## QUEENSLAND (Colonie anglaise).

**TIMBRES.**

1861. *Nom. buste de la reine Victoria couronnée. en C.* — C. — PVB. (Fil : *étoile*) — Ty. — ⬜

1 penny rose. 2 pence bleu. 3 p. brun. 6 p. vert. 1 shilling violet foncé.

*Mêmes timbres.* C. — PB. — Ty.

1 penny rose, 2 pence bleu. 3 p. brun, 6 p. vert, 1 sh. violet foncé.

1862. *Mêmes timbres.* PVB. (Fil : *étoile*. — pi. 15 et 14.

1 penny rose. 2 pence bleu, 3 p. brun, 6 p. vert, 1 shilling violet foncé. *Registered* (sans indication de valeur) brun jaunâtre.

1863. *Mêmes timbres.* — PMB. — pi. 13.

1 penny rouge orange, 2 pence bleu pâle, 2 p. bleu foncé. 3 p. brun pâle. 6 p. vert pâle. 1 shilling gris violet.

1865. *Mêmes timbres.* – PVB. (Fil: *étoile*). – pi. 13.

  1 penny rouge orange. 2 pence bleu foncé. 6 p. vert pâle. 6 p. vert jaunâtre. *Registered* jaune brun.

1866. *Même timbre.* – PMB. – pi. 13.

  4 pence lilas.

*Même timbre.* – PVB. (Fil: lignes). · pi. 13.

  2 pence bleu.

# NOUVELLE-GALLES DU SUD (Colonie anglaise).

**TIMBRES.**

? 1850. *Vue de Sydney en* ◯, *entouré de l'inscription :* Sigillum Nov. Camb. Austr.; *au bas :* Sic fortis Etruria crevit. *Valeur en caractères blancs, double encadrement.* – C. – PVB. et PVA. – TD. – ▢

  1 penny carmin. 2 pence bleu.

*Même timbre, entourage du* ◯ *rempli par des tailles verticales.*

  2 pence bleu.

  NOTA. Il paraît que les planches se composaient de 40 timbres, tous gravés à part et que celles de 1 p. et 2 p. ont été refaites.
  Les timbres Vues de Sydney ont été tirés :
    1° Sur papier vergé un peu jaunâtre ;
    2° Sur papier blanc jaunâtre ;
    3° Sur papier azuré ;
    4° Sur papier vergé anglais blanc légèrement azuré.

*Même timbre, valeur en lettres de couleur, cadre simple formé par des lignes horizontales ondulées et croisées.*

  3 pence vert.

1852. *Nom. tête de la reine avec couronne de laurier, à g.* – C. – PVA. – TD. – ▢

  1 penny rouge. 1 p. rouge-brique. 1 p. rouge orangé foncé. 1 p. carmin. 2 pence bleu. 2 p. bleu foncé. 2 p. violet bleu. 3 p. vert. 3 p. vert tendre. 6 p. brun. 6 p. brun clair. 8 p. orange. 8 p. jaune.

  NOTA. On peut constater des différences notables de gravure dans le timbre de 2 pence. — Il paraîtrait que pour ce timbre, de même que pour les autres, il a été fait autant de gravures différentes qu'il y avait d'exemplaires sur la planche et que, de plus, les planches ont été refaites plusieurs fois.

*Même timbre avec faute:* New South Walls.

6 pence brun pâle, 6 p. brun foncé.

*Même timbre. —* C. — PVB. (Fil : *chiffre*).

1 penny rouge-orange, 2 pence bleu, 3 p. vert.

1861. *Nom, tête de la reine, couronnée, à g.; le mot* South *en tête du timbre. —* C. — PVB. (Fil: *chiffre*) — TD. — □

1 penny orange. 1 p. rouge, 1 p. rouge pâle. 2 pence bleu, 3 p. vert clair, 3 p. vert jaune. 3 p. vert foncé, 3 p. vert bleuâtre.

*Mêmes timbres,* pi. 12, puis 13.

1 penny rouge, 1 p. orange. 2 pence bleu. 2 p. bleu pâle, 3 p. vert.

*Nom, tête de la reine en* ○, *entourée d'un hexagone. —* C. — PVB. (Fil: *chiffre* — TD. — □

5 pence vert, 6 p. brun, 6 p. brun verdâtre.

NOTA. La nuance des 6 pence est très-variée : gris brun, bistre brun, gris lilas, brun verdâtre.

*Même timbre, tête entourée d'un hexagone.*

8 pence orange, 8 p. jaune, 1 shilling rouge, 1 sh. rouge pâle.

*Mêmes timbres,* pi. 12, puis 13.

5 pence vert. 5 p. vert bleuâtre, 6 p. brun. 8 p. orange, 1 shilling rouge pâle.

NOTA. Même observation que ci-dessus pour les 6 pence. — On rencontre des exemplaires du 6 pence et du 1 shilling avec le fil: 8. On rencontre des 5 pence, pi. 13 avec fil: 12.

1861. *Mêmes timbres,* pi. 12, puis 13.

6 pence violet pâle, 6 p. violet foncé, 1 shilling rose, 1 sh. rose pâle.

*Nom en lettres gothiques, buste de la reine Victoria, avec couronne et sceptre. —* C. — PVB. (Fil: *chiffre*) — TD. — ○ — non pi. et pi 12 puis 13

5 shillings violet.

1862. *Nom* (New South Wales) *dans un arc de cercle, tête de la reine, avec couronne. —* C. — PVAB. Fil: *gros chiffre*) — Ty. — □ — pi. 13.

2 pence bleu.

NOTA On rencontre des exemplaires avec fil: 5.

1864. *Même timbre*. PVAB. (Fil: *chiffre maigre*). – pi. 13.

  2 pence bleu clair.

1866. *Même timbre*. — PVAB. — pi. 13.

  2 pence bleu.

1864. *Nom, tête de la reine, à g.* — C. — PVAB. (Fil: *chiffre maigre*).
    — Ty. — ☐ — pi. 14 et 13.

  1 penny rouge-brique.

1865. *Même timbre,* pi. 13.

  1 penny rouge.

1864. *Nom, tête de la reine, à g., en* ◯. *en* R. bl. — C. — PVB.
    (Fil: *N. S. W.*) *et* PM. — Ty. — ◯

  1 penny rouge vif.

    Nota. Ce timbre sert pour bandes de journaux.

*Nom, tête de la reine, avec guirlande, sans indication de valeur,*
    *imprimé en deux couleurs.* — C. — PVB. — TD. — ◯

*Registered :* jaune et bleu, rouge pâle et bleu.

*Mêmes timbres,* pi.

  *Registered :* jaune et bleu (pi. 12), rouge vermillon et bleu (pi. 13).

    Nota. On emploie ces timbres pour les lettres chargées. — Ces
timbres n'ont pas de filigrane ou sont sur papier avec le filigrane 6.

1865. *Nom, tête de la reine, à g.* — C. — PVB. (Fil: *N. S. W.*) —
    Ty. — ☐

  1 penny rouge vif.

    Nota. Type du timbre adhésif de 1864, imprimé pour bandes de
journal.


## VICTORIA (Colonie anglaise).

### TIMBRES.

1852-1854. *Nom, reine Victoria à mi-corps.* — C. — PB. — Ty. — ☐

  1 penny rose, 1 p. rouge pâle. 1 p. brun rouge. 1 p. vermillon.
    2 pence gris lilas. 2 p. gris jaunâtre. 2 p. brun
    jaunâtre. 3 p. bleu pâle. 3 p. bleu foncé.

*Même timbre.*

  1 penny rouge (pe.). 3 pence bleu (pi.). 3 p. bleu (pe.).

? 1857. *Reine Victoria assise sur un trône, sans nom.* — C. — PB. — TD. — ☐

2 pence brun violet, plus ou moins foncé.

> Nota. Poste locale de la ville de Melbourne. — Il y a lieu d'admettre qu'il existe de ce timbre un nombre de dessins différents égal à celui des timbres qui formaient une planche. — Nous croyons que ces timbres ont été originairement gravés en taille-douce sur pierre lithographique, et que pour les tirages postérieurs on les a imprimés par les procédés lithographiques proprement dits au moyen de transports sur pierre.

1858. *Nom, tête de la reine, à g., entre les mots :* Postage Stamp. — C. — PVB. — Ty. — ☐

6 pence jaune, 6 p. brun clair, 2 shillings vert.

1858. *Nom, tête de la reine, couronnée, à g., en* ◯ — C. — PVB. — Ty. — Oct.

1 shilling bleu.

? 1859. *Nom, tête de la reine Victoria, à g., en* C*, ornements dans les quatre angles.* — C. — PVB. (Fil : *étoile*). — Ty. — ☐

1 penny vert, 4 p. rose, 4 p. rouge.

*Mêmes timbres.* C. — PMB.

1 penny vert, 2 p. violet, 4 p. rose.

? 1860. *Nom, reine sur le trône.* — C. — PVB. (Fil : *étoile*). — TD. — ☐

1 penny vert, 6 pence bleu.

*Mêmes timbres,* pe. li.

1 penny vert, 6 pence bleu.

*Nom, tête de la reine, à g., en* C*, ornements dans les 4 angles.* — PVB. — pe et pi.

1 penny vert (pe. et pi.), 2 pence lilas (pi.), 4 p. rose.

*Nom, tête de la reine, à g., entre les mots :* Postage stamp. — C. — PVB. — Ty. — ☐ — (*Mêmes timbres que* 1858.) — pe. et pi.

6 pence orange (pe. li., pe. a. et pi.), 1 shilling bleu (pi. 12). 2 sh. vert (pe. et pi. 12).

*Mêmes timbres.* — PVB. — pe. et pi. 12.

1 penny vert (pi.), 2 p. violet (pe.), 4 p. rose (pe. et pi.).

1861. *Même timbre.* — PVB. Fil: *valeur en toutes lettres*. pi. 12.

    1 penny vert. 2 pence violet pâle.

*Même timbre.* PVB. (Fil: *three pence*. — pi. 12.

    2 pence violet.

1862. *Inscription* (Victoria postage), *tête de la reine, à g., en C : des deux côtés, la valeur dans un petit ovale.* — C. — PVB. — Ty. — □ — pi. 12.

    3 pence bleu.

*Mêmes timbres.* — C. — PVB. (Fil: *valeur en toutes lettres*). — Ty. — ⌐ — pi. 12.

    3 pence bleu. 3 p. bleu foncé. 4 p. rose, 6 p. orange, 6 p. noir.

*Nom, tête de la reine Victoria, en C, type de 1858.* — N. — PVB. (Fil: *valeur en lettres*). — pi. 12.

    6 pence noir.

1862. *Nom, tête de la reine, à g., en C : des deux côtés, la valeur, caractères plus forts.* — C. — PVB. (Fil: *six pence*). — Ty. — □ — pi. 12.

    6 pence noir.

*Même timbre.* — C. — PVB. (Fil: *valeur oblique et faute five shilling*). pi.

    4 pence rose.

*Même timbre, sans vaisseau dans les angles.* — PVB. (Fil: *one penny*). — pi. 12.

    1 penny vert.

*Mêmes timbres.* — PVB. (Fil: *chiffres maigres*). — pi. 12.

    1 penny vert, 2 p. lilas (type 1859), 4 pence rose, 6 p. noir. (pi. 13.)

*Mêmes timbres.* — PVB. (Fil: *gros chiffres*). — pi. 12.

    1 penny vert.

*Même timbre.* — C. — PB. uni. — pi. 12.

    1 penny vert, 4 p. rose, 6 p. noir.

1863. *Inscription* (Victoria), *tête de la reine avec couronne de laurier, à g., en C* — C. — PVB. (Fil: *gros chiffres*.) — Ty. — ⌐ — pi. 12.

    4 pence rose.

1864. *Timbre semblable.* — PVB. (Fil : *chiffre maigre*). — pi. 12 et 13.

2 pence violet.

1865. *Timbre semblable.* — PVB. (Fil : *chiffres maigres*).—pi. 12 et 13.

1 penny vert, 4 pence rose, 8 p. orange. (pi. 13.)

*Timbre semblable.* — C. — PB. — pi. 13.

1 penny vert, 4 p. rose.

Novembre 1864. *Nom, tête de la reine, à g., entre* Postage stamp. — C. — PVB. — Ty. — ☐ — pi. 13.

2 shillings bleu.

Avril 1865. *Nom, tête de la reine, à g., couronnée de lauriers.* — C. — PVA. (Fil : *chiffre maigre*). — Ty. — Oct. — pi. 13.

1 shilling bleu.

1865. *Nom, tête de la reine, à g., en ◯, nom et valeur en ◯ blanc.* — C. — PVB. (Fil : *gros chiffre*). — Ty. — ☐ — pi. 13.

10 pence gris lilas.

1866. *Timbre semblable.* — C. — PVB. (Fil : *chiffre maigre*). — Ty. — ☐ — pi. 13.

6 pence bleu.

1866. *Timbre semblable.* — C. — PVC. (Fil : *chiffre maigre*). — Ty. — ☐ — pi. 13.

10 pence lilas sur papier lilas.

1866. *Inscription* (Victoria postage) *en haut ; chiffre des deux côtés.* — C. — PVB. (Fil : *three pence*). — Ty. — ☐ — pi. 12.

3 pence lie de vin.

Décembre 1866. *Tête de la reine, à g., en ◯, entourée d'un second ovale blanc dans lequel nom et valeur ; valeur dans les 4 angles.* — C. — PVB. (Fil : *chiffre maigre* 8). — Ty. — ☐ — pi. 13.

3 pence lilas.

### Timbres spéciaux.

? 1858. *Nom, tête de la reine, à g.* — C. — PVB. — Li. et Ty. — ☐

*Too late.* 6 pence, lilas et vert.

*Registered.* 1 shilling, rose et bleu.

# AUSTRALIE MÉRIDIONALE (Colonie anglaise).

## TIMBRES.

1 janvier 1855. *Nom* (South Australia), *tête de la reine Victoria,
à g., en* ◯ — C. — PVB. (Fil: *étoile*). — TD. — ☐

1 penny vert foncé, 2 pence cramoisi. 2 p. rouge brunâtre, 6 p.
bleu foncé, 6 p. lilas, 6 p. violet pâle, 1 shilling orange
(juillet 1857).

Décembre 1860. *Nom, tête de la reine Victoria, à g., en* ◯ — C. —
PB. — Ty. — ☐

9 pence gris lilacé.

? 1861. *Mêmes timbres,* pe. li.

1 penny vert jaune, 2 pence vermillon, 2 p. vermillon pâle, 2 p.
roux, 6 p. bleu violacé, 6 p. bleu, 9 p. gris-lilacé,
1 shilling jaune, 1 sh. orange.

1863. *Nom, tête de la reine, à g., en* ◯ — pe. li.

6 pence bleu, 1 shilling brun.

1864. *Même timbre,* pe. li.

1 penny vert foncé, 1 p. vert bleu, 2 p. orange, 9 p. gris lilacé.
1 shilling brun.

1866. *Nom, tête de la reine Victoria, à g., en* ◯; *timbre de
9 pence avec valeur surchargée à l'encre bleue par
les mots:* Ten pence. — C. — PVB. (Fil: *étoile*). —
Ty. — pe. li.

10 pence orange.

1867. *Nom, tête de la reine, à g., en* ◯ — C. — PVB. (Fil: *étoile*). —
Ty. — ☐ — pe. li.

4 pence violet. 2 shillings carmin.

# AUSTRALIE OCCIDENTALE (Colonie anglaise).

## TIMBRES.

1854. *Nom* (Western Australia), armoiries (cygne). — C. — PVB.
(Fil: *cygne*). — Ty. — Oct.

2 pence noir sur papier brique. 6 pence noir doré.

1855. *Même timbre.*

6 pence noir sur papier blanc jaunâtre.

1855. *Nom, armoiries.* - C. — PVB. (Fil : *cygne*). — Li.

4 pence bleu terne (Oct.), 1 shilling brun clair (◯), 1 sh. brun (◯).

NOTA. On rencontre des 4 pence, présentant pour les lettres de l'inscription des différences appréciables dans la largeur. Nous croyons devoir les attribuer à un défaut dans le transport sur pierre.

1860. *Nom, armoiries.* — C. — PVB. (Fil : *cygne*). — TD. — ▭

1 penny noir.

1861. *Même timbre.* — C. — PVB. (Fil : *cygne*). — TD. — ▭

2 pence orange, 4 p. bleu, 6 p. vert jaunâtre sur papier jaunâtre, 6 p. vert bleuâtre.

NOTA. Le 4 p. bleu et le 4 p. vermillon (mentionné ci-après) n'ont servi que fort peu de temps, puis on a repris le timbre de 4 p. bleu (Oct.).

1861. *Mêmes timbres.* — pe. li.

1 penny noir, 2 pence orange, 4 p. bleu terne (Oct.), 6 p. doré (Oct.), 6 p. vert, 1 shilling brun (◯).

1862. *Mêmes timbres.* — pi. 14 et 15.

1 penny rouge, 2 pence bleu, 4 p. vermillon, 6 p. violet brun, 1 shilling vert tendre.

1864. *Mêmes timbres.* — pi. 14 et 15.

1 penny carmin, 6 p. violet foncé, 6 p. lilas, 6 p. violet (PA.), 1 shilling vert foncé.

NOTA. En 1864 on se sert de nouveau du 4 p. bleu (Oct.) non percé.

1865. *Même timbre.* — PVB. (Fil : *cygne*). — pi. 12¹⁄₂.

1 penny bistre.

1865. *Mêmes timbres.* — PVAB. (Fil : *couronne, CC.*) — pi. 12¹⁄₂.

1 penny bistre, 2 pence jaune, 4 p. carmin, 6 p. lilas, 1 shilling vert.

*Mêmes timbres* percés au milieu d'un petit ◯

1 penny carmin (pi. 14 et 15), 1 p. bistre (pi. 12¹⁄₂), 2 pence orange, 2 p. bleu (pi. 14 et 15), 2 p. jaune (pi. 12¹⁄₂), 4 p. bleu (Oct.), 4 p. vermillon (pi. 14), 4 p. carmin (pi. 12¹⁄₂), 6 p. violet (pi. 14 et 15), 6 p. violet foncé

(pi. 14 et 15). 6 p. violet lilas (pi. 14 et 15). 6 p. lilas (pi. 14 et 15). 1 shilling vert-bouteille (pi. 14 et 15). 1 sh. vert (pi. 12½).

NOTA. Ces timbres percés au milieu servent, dit-on, à l'affranchissement des lettres expédiées au gouvernement de la Grande-Bretagne par les employés spéciaux qu'il entretient dans la colonie.

# TASMANIE (Colonie anglaise).

## TIMBRES.

1 octobre 1853. *Nom* (Van Diemen's Land). *Tête de la reine Victoria, à d.* — C. — PB. — TD. — ☐

1 penny bleu clair.

1 octobre 1853. *Nom* (Van Diemen's Land). *Tête de la reine Victoria, à d.* — C. — PB. — TD. — Oct.

4 pence brun clair, 4 p. orange, 4 p. rouge.

1 octobre 1858. *Nom* (Van Diemen's Land), *portrait de la reine Victoria, couronnée.* — C. — PVB. (Fil : *étoile*). — TD. — ☐

1 penny carmin foncé, 2 pence vert foncé, 4 p. bleu.

*Mêmes timbres.* — PVB.

1 penny carmin, 2 pence vert clair, 4 p. bleu.

? *Nom* (Tasmania), *portrait de la reine Victoria.* — C. — PVB. (Fil : *chiffre*). — TD. — Oct.

6 pence violet, 6 p. gris lilas, 1 shilling rouge.

? 1863. *Même timbre, nom* (Van Diemen's Land). — PVB. (Fil : *chiffre*). — ☐

1 penny rouge, 2 pence vert, 4 p. bleu clair.

*Mêmes timbres,* pi. 13.

1 penny rouge, 2 pence vert, 4 p. bleu.

NOTA. Piquage fait par une administration particulière.

*Nom* (Tasmania), *portrait de la reine Victoria.* — C. — PVB. (Fil *chiffre*). — TD. — Oct. — pi. 13.

6 pence lilas, 1 shilling rouge.

NOTA. Mêmes observations que ci-dessus.

*Mêmes timbres.* — PVB. (Fil: *chiffre*). pi. 10.

6 pence lilas, 6 p. bleu lilas, 1 shilling rouge.

*Mêmes timbres* (Vandiemensland), pi. 10.

1 penny rouge, 2 pence vert, 4 p. bleu.

1864. *Nom* (Tasmania), *saint George à cheval.* — C. — PVB. — TD. — ▢

2 shilling 6 pence rouge, 5 shillings gris noir, 10 shillings jaune.

NOTA. Ces timbres sont proprement des timbres de commerce, mais il paraîtrait qu'ils peuvent aussi servir à l'affranchissement des lettres.

Cette même observation s'appliquerait à un 3 pence vert, pi. 13, émis en 1865.

Les timbres postaux peuvent aussi servir, dit-on, de timbres de commerce.

## NOUVELLE-CALÉDONIE (Colonie française).

### TIMBRES.

1860-1861. *Nom, tête de l'empereur Napoléon III, à g.* — N. — PB. — Li. — ▢

10 centimes noir.

NOTA. Il existe, de ce timbre, 50 dessins différents.

## NOUVELLE-ZÉLANDE (Colonie anglaise).

### TIMBRES.

13 juillet 1855. *Nom* (New-Zealand), *buste de la reine Victoria, couronnée, en* ◯ — C. — PA. — Ty. — ▢

1 penny rouge, 2 pence bleu, 1 shilling vert.

1859. *Même timbre.* — C. — PVB.

1 penny rouge pâle. 2 pence bleu. 6 p. brun clair. 1 shilling vert bleuâtre. 1 sh. vert clair.

1861. *Mêmes timbres.* — PVB. (Fil : *étoile*).

1 penny rouge-orange. 2 pence bleu. 6 p. brun foncé. 1 shilling vert bleuâtre.

*Mêmes timbres.* — Papier pelure.

2 pence bleu outremer. 6 p. brun foncé. 1 shilling vert foncé. (P. A.)

1862. *Mêmes timbres.* — PVB. (Fil : *étoile*).

1 penny rouge foncé. 2 pence bleu outremer. 3 p. violet pâle, 6 p. brun rougeâtre. 1 shilling vert jaunâtre.

*Mêmes timbres.* — PVB. (Fil: *étoile*). — pi. 13.

1 penny rouge-orange, 1 p. rouge foncé, 2 pence bleu outremer, 6 p. brun, 6 p. brun rouge, 1 shilling vert foncé.

*Mêmes timbres.* — PVB. (Fil: *étoile*). — pe. li.

2 pence bleu, 2 p. bleu outremer, 3 p. violet, 6 p. brun.

*Mêmes timbres.* — PA. pelure. — pi. 13.

1 shilling vert.

*Même timbre.* — PA. pelure. — pe. li.

1 shilling vert.

*Mêmes timbres.* — PVB. (émission 1859) — pi. 13.

2 pence bleu.

Il est probable que le piquage et le perçage sont en partie le fait d'administrations particulières, comme en Tasmanie.

1863. *Mêmes timbres* — PVB. (Fil: *N. Z.*)

1 penny rouge foncé, 1 shilling vert.

1 janvier 1864 *Mêmes timbres.* — PVB. (Fil: *N. Z.*) — pi. 13 et 12¹⁄₂.

2 pence bleu pâle, 3 p. violet pâle, 6 p. brun, 6 p. chocolat, 1 shilling vert.

*Même timbre.* — PVB. (Fil: *N. Z.*) — pe. li.

1 shilling vert.

1865. *Même timbre.* — PVB. (Fil: *étoile* — pi. 13.

4 pence rouge.

1866. *Même timbre* — pi. 13.

4 pence jaune.

Nota. Il est à peu près impossible d'arriver à une classification exacte, pour certaines colonies anglaises ; c'est ainsi qu'après avoir reçu successivement des exemplaires piqués de tous les timbres de la Nouvelle-Zélande, nous avons reçu directement de Nouvelle-Zélande au mois d'août 1864 de nouveau des exemplaires non piqués de toutes les sortes, sauf le 2 pence.

# ILES SANDWICH (Royaume).

**TIMBRES.**

1852. *Nom* (Hawaiian postage), *chiffre indiquant la valeur et entourage de fantaisie* — C. PB. un peu jaunâtre. — ☐

13 cents bleu.

Nota. Ce timbre, dont l'authenticité est incontestable, ne se trouvait pas dans une collection des timbres de l'île, déclarée complète et envoyée en Europe par le directeur général des postes.

1852. *Nom* (Honolulu postage, Hawaiian 1 S), *buste du roi Kamehameha III, en costume militaire.* — C. — PVB. — TD. — ☐

   5 cents bleu.

*Même timbre.* — PA.

   5 cents bleu.

1853. *Timbre semblable.* — PVB.

   13 cents rouge (Haw. 5 c. U. S., 8 c.).

1862. *Inscriptions :* Uku leta, elua keneta (= *deux cents*). *Buste du roi Kamehameha IV.* — C. — PMVB. — TD. — ☐

   2 cents rose pâle.

Mai 1863. *Même timbre.* — PMVA.

   2 cents carmin vif.

Mai 1864. *Inscription :* Hawaii, elua keneta. *Buste du roi Kamehameha IV.* — C. — PMB. — TD. — ☐ — pi. 12.

   2 cents vermillon.

> Ce timbre n'est arrivé à Honolulu qu'après la mort du roi Kamehameha IV, décédé le 30 novembre 1863.

Mai 1865. *Inscription :* Hawaiian postage *des deux côtés ;* Uku leta *en haut.* — PA.

   5 cents bleu.

*Même timbre.* — PMVA.

   13 cents bleu foncé.

1866. *Inscription* (Hawaii, elua keneta). *buste du roi Kamehameha V.* — C. — PMB. — TD. — ☐ — pi. 12.

   5 cents bleu foncé.

### CHIFFRES-TAXE.

Juillet 1859. *Nom* (Hawaiian postage) *à gauche ; à droite :* Uku leta (= *lettre payée ; en haut :* Inter island, *valeur en chiffres.* — C. — PB. — Ty. — ☐

   2 Cents noir.

Juillet 1859. *Même timbre,* PA.

   1 Cent bleu pâle. 2 Cents noir.

Janvier 1863. *Mêmes timbres.* PA.

   1 Cent noir. 2 Cents bleu pâle, 2 Cents bleu foncé.

Avril 1864. *Mêmes timbres*, PVMB.

1 Cent noir (papier épais), 2 C. noir.

Avril 1865. *Nom* (Hawaiian postage) *à droite; à gauche:* Interisland.
*en haut:* Uku leta. — C. — PMB. — Ty. — ☐

1 cent bleu, 2 c. bleu.

Ces timbres servent à percevoir une surtaxe de 2 cents pour les
lettres et de 1 cent pour les journaux, venant de l'étranger.

---

# AMÉRIQUE.

## TERRE-NEUVE (Colonie anglaise).

### TIMBRES.

1857. *Nom* (St. John's Newfoundland), *couronne entourée de fleurs.*
— C. — PMB. — TD. — ☐

1 penny brun violacé, 5 pence brun violâtre.

1857. *Nom, rose, feuille de trèfle et chardon au milieu de trois
cercles.* — C. — PVB. — TD. — Oct.

3 pence vert.

1857. *Nom, rose, feuille de trèfle et chardon en bouquet, au milieu
d'un cercle, avec légère différence de dessin pour
chaque timbre.* — C. (rouge) — PVB. — TD. — ☐

2 pence, 4 p., 6 p., 6 $\frac{1}{2}$ p., 8 p., 1 shilling.

1862. *Mêmes timbres.* — C. (carmin) — PVB.

2 pence, 4 p., 6 p., 6$\frac{1}{2}$ p., 1 shilling.

1863. *Mêmes timbres.* — PMB.

5 pence chocolat.

*Mêmes timbres.* — C. — PVB. — pe.

6 pence carmin.

Nous ne saurions affirmer d'une manière absolue l'existence de
timbres percés.

1865. *Nom, gravures diverses.* — C. — FB. — TD. — pi. 12.

2 cents vert (morue) ☐, 5 c. brun foncé (phoque) ☐, 10 c. noir
(prince de Galles) ☐, 12 c. brun rouge (reine à g.) ☐
13 c. orange (vaisseau) ☐, 24 c. bleu (reine de face) ☐

## ILE DU PRINCE ÉDOUARD (Colonie anglaise).

### TIMBRES.

1860. *Nom* (Prince Edwards Island), *tête de la reine.* — C. — PMB.— Ty. — ☐ — pi. varié (12, 11, 9).

1 penny orange, 2 pence rose, 3 p. bleu, 6 p. vert, 9 p. currency (égal à 6 p. stg.) lilas.

12 pence currency = 1 shilling currency = 83 centimes.

## NOUVEAU-BRUNSWICK (Colonie anglaise).

### TIMBRES.

Août 1857. *Nom* (New-Brunswick), *fleurs avec couronne au milieu.* — C. — PVB. — TD. — ☐

3 pence rouge, 6 p. jaune, 1 shilling violet.

24 mai 1860. *Nom, portrait de la reine, couronnée, en* ◯ — C. — PMB. — Ty. — ☐ — pi. 12

5 cents vert, 10 c. rouge.

24 mai 1860. *Nom, buste du prince de Galles, en costume écossais* — C. — PMB. — Ty. — ☐ — pi. 12.

17 cents noir.

24 mai 1860. *Nom.* — C. — PMB. — Ty. — ☐ — pi. 12.

1 cent brun (locomotive), 12 ½ c. bleu (bateau à vapeur).

Mai 1863. *Même timbre,* pi 12

5 cents vert clair.

Novembre 1863. *Même timbre,* pi. 12.

2 cents orange.

Juin 1864. *Même timbre,* pi. 12

1 cent mauve.

## NOUVELLE-ÉCOSSE (Colonie anglaise).

### TIMBRES.

1857. *Nom* (Nova Scotia), *tête de la reine Victoria, en* ☐, *dans un cadre carré* — C. — PA. — TD. — ☐

1 penny brun rouge.

Nota. Ces timbres sont gommés à la gomme verte, ce qui augmente encore la nuance bleuâtre du papier; on rencontre de nombreuses nuances.

1857. *Nom, couronne entourée, à égale distance, par quatre étoiles portant au milieu une rose, une feuille de trèfle, un chardon et le* mayflower. — C. — PA. — TD. — □

3 pence bleu, 6 p. vert, 1 shilling violet.

NOTA. Même observation que ci-dessus.

1860. *Nom, tête de la reine Victoria, couronnée, à g., en* ○ — C. — PMB. — Ty. — □ — pi. 12.

1 cent noir, 5 c. bleu.

1860. *Nom, buste de la reine, couronnée, en* ○ — C. — PMB — Ty. — □ — pi. 12.

8 ½ cents vert, 10 c. rouge, 12 ½ c. noir.

Juillet 1863. *Nom, tête de la reine, à g.* — C. — PMB. — Ty. — □ — pi. 12.

2 cents violet.

1865. *Même timbre*, pi. 12.

5 cents bleu indigo.

## CANADA (Colonie anglaise).

### TIMBRES.

1851. *Noms, divers portraits.* — C. — PMB. — Ty. — □

½ penny rose (tête de la reine Victoria); 6 pence violet foncé (buste du prince Albert); 6 pence sterling (7½ currency) vert (buste de la reine Victoria); 10 pence bleu (buste de Cartier); 12 pence noir (buste de la reine Victoria).

Quelques collectionneurs assurent que le 12 pence est un essai.

1851. *Nom, castor surmonté d'une couronne.* — C. — PMB. — Ty. — □

3 pence rouge.

? *Mêmes timbres*, pi. 12.

½ penny rose, 3 pence rouge, 6 p. brun foncé.

1860. *Nom, divers portraits.* — C. — PMB. — Ty. — □ — pi. 12.

1 cent rose (tête de la reine Victoria); 10 c. brun (buste du prince Albert); 12½ c. (6 pence sterling) vert (buste de la reine Victoria); 17 c. bleu (buste de Cartier).

NOTA. On trouve des différences de nuance très-sensibles pour le 10 cents.

1862. *Nom, castor surmonté d'une couronne.* — C. — PMB. — Ty. — □ — pi. 12.

5 cents vermillon.

1864. *Nom. tête de la reine, à g.* — C. — PMB. — Ty. — □ — pi. 12.

2 cents rose.

### ENVELOPPES.

Février 1861. *Nom, tête de la reine Victoria, à g.,* R. bl. — C. — PVB. (Fil: *Ca POD*). — Ty. — ○ — D.

5 cents rouge, 10 c. brun.

*Mêmes timbres, papier jaunâtre vergé.*

5 cents rouge, 10 c. brun.

Les enveloppes papier jaunâtre sans doute des essais.

### Entreprises privées.

? *Ker's city post* (Portrait). — PB. — □

2 cents bleu, 2 c. noir. 5 c. bleu, 5 c. noir.

? *Ker's city post* (Armes d'Angleterre supportées par lion et licorne). — N. — ○

1 penny bleu. 1 p. carmin. 1 p. vert.

? *Ker's city post* (3 plumes d'autruche) [armes du prince de Galles]. — N. — ○

3 pence vert. 3 p. rouge. 3 p. jaune. 3 p. orange.

? *Winslow & Cᵒ express, Portland Montreal.* — N. — PC. — ○

Blanc, jaune, vert, rouge.

Avril 1865. *Bancroft's city express, 45, Gt. St. James St. Montreal* (Portrait). — PB. — □ — pi.

5 cents bleu.

NOTA. Ces timbres n'ont pu guère servir autrement que comme timbres de paquets, aucune entreprise privée n'étant admise à transporter des lettres dans les colonies anglaises.

12 pence currency = 1 shilling currency = 1 franc.

# COLOMBIE BRITANNIQUE ET ILE VANCOUVER
## (Colonie anglaise).

### TIMBRE.

1861. *Nom* (British Columbia and Vancouver's island). *portrait de la reine Victoria à g.* — C. — PB. — Ty. — □ — non piqué et pi. 14.

2½ pence rose.

## COLOMBIE BRITANNIQUE (Colonie anglaise).

1865. *Nom* (British Columbia), *lettre V gothique surmontée d'une couronne dans un* ◯ – C. – PVAB. (Fil: *couronne, CC.*) – Ty. – ▢ – pi. 14.

3 pence bleu.

### TIMBRES d'administrations particulières.

*Barnard's Cariboo Express. Paid.* – N. – PC. – ▭ grand format.

Orange.

*Même timbre.* – ▭ Petit format.

Orange.

*Barnard's Cariboo Express. Collect.* – N. – PC. – ▭

Vert.

Ces timbres paraissent avoir servi à l'affranchissement de paquets.

## VANCOUVER (Ile de) [Colonie anglaise].

1865. *Nom* (Vancouver's Island), *tête de la reine Victoria, à g.* – C. – PVAB. (Fil: *couronne, CC.*) – Ty. – ▢ – pi. 14.

5 cents rose, 10 c. bleu.

*Même timbre,* non pi.

10 cents bleu.

## ÉTATS-UNIS (République des).

### TIMBRES.

1 juillet 1847. *Nom* (U. S. Post-office). *Valeur en grands chiffres romains dans les angles supérieurs.* – C. – Papier légèrement azuré. – TD. – ▢

5 cents brun (*tête de Franklin*), 10 c. noir (*tête de Washington*).

NOTA. On rencontre des exemplaires sur papier blanc que nous considérons comme provenant de décoloration.

*Inscription* (Government city dispatch), *postillon.* – C. – PB. – Ty. – ▭

1 cent noir, 1 c. rouge.

**Contrefaçon:** 1 cent noir, 1 c. rose, 1 c. gris foncé.

1 juillet 1851. *Nom* (U. S. Postage) *en tête, divers portraits et dessins.*
— C. — PB. — Ty. — ☐

1 cent bleu (Franklin), 3 c. rouge brun (Washington).

Juillet 1851. *Timbre semblable.*

12 cents noir (Washington).

Mai 1855. *Timbre semblable.*

10 cents vert (Washington).

5 janvier 1856. *Timbre semblable.*

5 cents brun (Jefferson).

Septembre 1857. *Mêmes timbres*, pi. 15.

1 cent bleu, 3 c. rouge brun, 5 c. brun, 10 c. vert, 12 c. noir.

1860. *Mêmes timbres*, pi. 15

24 cents lilas (Washington) [24 juin], 30 c. orange (Franklin)
[août], 30 c. brun clair, 90 c. bleu (Washington) [août].

Nota. Toute cette série a été réimprimée en nuances très-peu
différentes de l'émission originale.

1 juillet 1860 - 1 juillet 1863. *Nom* (U. S. P. O. dispatch), *aigle.* —
C. — PB. — TD. — ◯

*Prepaid :* 1 cent bleu. — *Réimp.:* 1 cent bleu clair.

**Contrefaçon:** 1 cent or sur bleu foncé.

Nota. Ce timbre servait à payer la taxe à percevoir par les
facteurs.

Septembre 1861. *Nom* (U. S. Postage) *en tête,* U. S. *au bas, divers
portraits et dessins.* — C. — PB. — Ty. — ☐ — pi. 12.

1 cent bleu (Franklin), 3 c. carmin pâle (Washington), 5 c. brun
jaunâtre (W.), 5 c. brun foncé (W.), 10 c. vert (W.),
12 c. noir (W.), 24 c. lilas (W.), 24 c. violet (W.),
30 c. orange (Franklin), 90 c. bleu (W.).

1 juillet 1863. *Nom, portrait d'Andrew Jackson.* — N. — PB. — Ty. —
☐ — pi. 12.

2 cents noir.

1866. *Inscription* (U. S. Postage) *en tête,* newspapers and periodicals
*en bas; divers portraits dans cadre guilloché.* —
C. — PMB. — Ty. — Très-grand ☐ — pi. 12.

5 cents bleu (Washington), 10 c. vert (Franklin), 25 c. vermillon
(Lincoln).

1866. *Inscription* (U. S. Postage). *effigie d'A. Lincoln.* — X. — PB. —
Ty. — ☐ — pl. 12.

15 cents noir.

**ENVELOPPES.**

1853. *Tête de Washington, à g., en Rel.* — C. — PVB. — Ty. —
Grand ◯ — D.

3 cents rouge, 6 c. rouge (17 octobre 1853), 6 c. vert (4 août 1853),
10 c. vert (2 avril 1855).

1853. *Mêmes timbres*, PV. jaune.

3 cents rouge. 6 c. rouge, 6 c. vert. 10 c. vert.

1857. *Même timbre, tête de Franklin, à d., en Rel.* — C. — Ty. —
Petit ◯ — G.

1 cent bleu sur PV. jaune.

10 septembre 1860. *Tête de Washington, à g., en Rel., cadre ovale
portant la valeur en Rel. et l'inscription:* U. S.
postage. — C. — PVB. — Ty. — Petit ◯ — D.

3 cents rouge, 6 c. rouge.

*Mêmes timbres*. PV. jaune.

3 cents rouge. 6 c. rouge, 10 c. vert.

NOTA. On ne connaît les 6 cents que coupés; ce sont peut-être des
essais. — Les enveloppes de 1853, 1857 et 1860 ont été réimpri-
mées sur PV. raies verticales; le tirage original est sur PV. raies
obliques.

*Mêmes timbres.*

4 cents (composés de timbres 3 cents et 1 cent) sur PVB., 4 cents
*idem* sur PV. jaune.

*Mêmes timbres avec trois barres noires et l'inscription:* Pat. Nov.
20. 1855. *imprimée à l'intérieur de l'enveloppe.* —
C. — PV. jaune. — D.

1 cent bleu, 3 c. rouge, 4 c. (3+1) rouge et bleu.

*Mêmes timbres.* — C. — PVB.

3 cents rouge. 4 c. (3+1) rouge et bleu.

Juillet 1861. *Tête de Washington, à g., en Rel., cadre ovale
portant l'inscription:* United States. *et des deux
côtés, la valeur en Rel.* — PVB. — Ty. — ◯ — D.

3 cents rose. 6 c. rose.

1861. *Mêmes timbres*, PV. jaune.

3 cents rose, 6 c. rose.

1861. *Même timbre*, PVA. (En forme de lettre.)

3 cents rose.

1861. *Tête de Washington, à g., R. bl., en ◯, valeur en toutes lettres au-dessus de la tête, et le nom (U. S. Postage) au-dessous. Des deux côtés, valeur en chiffres dans un cercle.* — C. — Ty. — Ellipse. — D.

10 cents vert sur PVB., 10 c. vert sur PV. jaune.

*Mêmes timbres, trois barres et inscription noire à l'intérieur de l'enveloppe.*

10 cents vert.

1861. *Mêmes timbres, imprimés en deux couleurs sur PV. jaunâtre.*

12 cents brun et rouge. 20 c. bleu et rouge. 24 c. vert et rouge. 40 c. rouge et noir.

1 juillet 1863. *Nom* (U. S. Postage), *tête d'Andrew Jackson, à g.* — N. — PC. — Ty. — En forme d'écusson. — D.

2 cents jaunâtre.

NOTA. Imprimé également sur bandes pour journaux.

1864. *Nom* (U. S. Post.), *tête d'Andr. Jackson, à g.* — N. — PC. — Ty. — En forme d'écusson. — D.

2 cents jaunâtre. 2 c. blanc.

NOTA. Imprimé également sur bandes pour journaux. — On rencontre deux types différents par la grandeur des caractères; le type le plus ancien a les lettres plus maigres et plus serrées.

Décembre 1864. *Nom* (United States), *tête de Washington, à g., R. bl. en ◯, valeur en chiffres des deux côtés, et en toutes lettres au bas; le tout en R. bl.* — C. — Ty. — G. — PV. jaunâtre et PVB.

3 cents rose. 6 c. rose.

1866. *Tête de Washington, à g., en ◯, valeur en chiffres et en toutes lettres.* — C. — PVB. — Ty. — ◯ — D.

3 cents brun. 6 c. violet

*Même timbre.* — PV. jaunâtre.

5 cents brun, 6 c. violet.

1866. *Nom, tête de Washington, à g., en ◯. inscription (U. S. Postage), valeur en chiffres et en toutes lettres.* — C. — PV. jaune. — Ty. — ◯ - D.

9 cents jaune. 9 c. orange. 12 c. brun, 18 c. rouge, 24 c. bleu, 30 c. vert. 40 c. rose.

Nota. Le papier de toutes les enveloppes porte en filigrane les lettres plusieurs fois répétées : POD US.

## TIMBRES de bureaux de poste.

### NEW-YORK.

*Nom* (New-York Post office). *portrait de Washington.* — C. — PA. — TD. — ☐

5 cents noir.

Nota. On rencontre des exemplaires sur papier blanc : nous serions disposé à admettre qu'ils sont le produit d'une décoloration, volontaire ou accidentelle, du papier azuré.

### PROVIDENCE. ( Rhode-Island. )

1846. Prov. R. I. post-office. — N. — ☐

5 cents blanc, 10 c. blanc.

### SAINT-LOUIS.

Saint-Louis post office. (*Inscription tenue par des ours.* — N. — ☐

5 cents blanc. 10 c. blanc.

Nota. Ces timbres doivent être considérés comme officiels.

### POSTAGE-CURRENCY. (*Papier-monnaie.*)

*Inscription* (Postage currency receivable for postage stamps at any post-office, etc.). — *Timbres-poste. — Imprimés des deux côtés.* — C. — PB. — TD. — Grand ☐

5 cents brun. 10 c. vert. 25 c. brun (5 timbres à 5 cents). 50 c. (5 timbres à 10 cents) vert.

*Mêmes valeurs, pi.*

5 cents brun. 10 c. vert. 25 c. brun, 50 c. vert.

Nota. Jusqu'au moment de la guerre des États-Unis la poste ne recevait que le numéraire des États-Unis. — Lorsque le gouvernement créa un papier-monnaie, avec cours forcé, dont la plus petite fraction était originairement de 1 dollar, il reconnut la nécessité de créer également un papier-monnaie fractionnaire, qui permit de se procurer des timbres-poste pour les besoins courants. — Nous avons cru devoir le mentionner, parce qu'il est émis par la poste, et qu'il porte des empreintes de timbre-poste. — Le papier-monnaie n'opère pas affranchissement, en l'apposant sur des lettres.

## TIMBRES d'administrations spéciales ou particulières [1].

A. *Timbres imprimés sur enveloppes officielles.*

Alta express Co. Paid. (*Vue de côté*).

Noir sur enveloppe de 3 cents jaune, grand.

Bamber's & Co's Express paid.

Noir sur enveloppes de 3 cents.

Bamber's Contra Costa Express (California).

Bleu.

Freeman's & Co's Express. Paid. Over our California & coast routes. (*Banderole.*)

Rouge sur enveloppe de 3 cents jaune, grand.

Langton's paid pioneer express. (*Écusson allongé.*)

Noir, rouge.

Nichols & Co's Express. Paid. (*Chemin de fer et bateau à vapeur.*)

Noir sur enveloppe de 3 cents blanc, grand.

Wells Fargo & Co. Paid. Over our California and coast routes. (*Écusson allongé.*)

Noir sur enveloppe de 3 cents jaune, grand.

---

1. La plupart des timbres spéciaux américains ont été réimprimés en 1862 ou 1863, par suite des demandes considérables auxquelles a donné lieu l'extension qu'ont prise en Europe les collections de timbres-poste. (Les timbres arrivés en Europe dans ces derniers temps proviennent presque tous de ces réimpressions.) — Le gouvernement des États-Unis ayant supprimé, en 1861, les entreprises particulières de factage, ces réimpressions, bien qu'exécutées sur les planches originales (souvent avec une couleur et un papier différents de ceux des tirages précédents), ne peuvent être considérées comme des timbres authentiques, mais seulement comme des *fac-simile* intéressants. — Les collectionneurs feront bien de recueillir ces timbres, s'ils ont l'occasion de se les procurer à des prix *vraiment modiques*. — Du reste, avec un peu de pratique les collectionneurs arriveront assez facilement à distinguer des timbres authentiques la plupart des réimpressions.

Pour quelques timbres dont on n'a pas retrouvé les planches originales, on en a exécuté de nouvelles. Ceci est une véritable contrefaçon, que nous avons aussi désignée comme telle. — Nous avons, de plus, marqué du signe ⁼ les timbres dont l'authenticité est bien établie, du signe ? ceux dont l'authenticité est probable, et du signe ⊹ ceux qui sont positivement faux.

L'abréviation M. T. veut dire : Même timbre ; les lettres T. S. signifient : Timbre semblable, c'est-à-dire contrefait.

Wells Fargo & Co. Paid. Through our California and Atlantic Express. (*Écusson allongé.*)

Rouge sur enveloppe de 10 cents jaune, grand.

**B.** *Timbres pour lettres allant d'une ville à une autre.*

= American Letter Mail Co. *aigle en* ◯ — M. — ⬜ (*De New-York à Philadelphie.*)

Blanc.

= American Letter Mail Co. (*aigle à d. sur un rocher*) 20 for a dollar. — PB. — ⬜ (*De New-York à Philadelphie.*)

Noir, marron. — Réimpression : M. T.

*Même timbre, légère différence de gravure.* — N. — ⬜

Blanc. (Contrefaçon.)

+ C. & W. Bridge despatch. — *Doré.* — ⬜ (*De Columbia à Wrights-ville, Pa.*)

Jaune, vert, rouge.

? Brainard & Co. 20 for one dollar. — C. — ◯ — (*De New-York à Albany.*)

Bleu, noir.   Réimpression : M. T.

= Hale & Co. Boston. 20 for 1 dollar. — C. — Oct. — (*De Boston à New-York.*)

Bleu, rouge. — Contrefaçon : M. T.

= Harnden's express (*facteur enjambant une rivière.* — (*De Boston à la Nouvelle-Orléans.*) — PB. — ◯

Carmin.   Contrefaçon : T. S : Noir.

1849. Pomeroy & Co's express. (*New-York, Albany, Buffalo, Toronto.*) — (*Locomotive*) — N. — ⬜

Blanc.

+ Mc. Robish. *San Francisco. Acapulco.* (*Faux.*) — PB. — ⬜

1 real rose (1861), 1 real bleu clair (1862).

Wyman's. 8. Court St. and 3. Wall St. 20 st. for one doll. (*Convoi de chemin de fer.*) — N. — ⬜ — (*De Boston à New-York.*)

Blanc. — Réimpression : M. T.

C. *Timbres locaux.*

Adams & Co's express. (*Portrait à g.*) — PB.
25 cents noir.

Adams & Co. eagle city post paid. — PB. — ○
Noir.

Adam's eagle city post express.
Bleu sur blanc, rouge sur blanc, noir sur jaune.

Adams city express post. (*Valeur en chiffre.*) — N.
2 cents brun.

Adams Express Co.
Rouge sur blanc, bleu sur blanc, vert sur jaune.

Adams Express Co. U. S. inter. rev. — PB. — ⊂
3 cents bleu.

American Express Company postage paid. — C. — □
2 cents vert. — Réimpression: M. T. — Contrefaçon: T. S.: 2 cents
jaune, 2 c. rouge, 2 c. rouge pâle, 2 c. vert.

Arthur's city express.    N. — □
. cents vert.

Avenue 8 th. Post-Office. — □
Rouge sur blanc.

Barr's penny dispatch. — PC. — ⊏
Noir sur vert, rouge sur blanc.

Bentley's despatch. Maddison Square. — N.
Rouge.

Blood & Co. all letters off except a bag.
Noir.

Blood's despatch paid. (*Petit aigle.*) — N. — ⊂
Blanc, vert.

Blood's one cent despatch. — Petit □
Bronze sur bleu foncé, noir sur blanc. — Contrefaçon: T. S.

Blood's despatch paid. (*Colombe portant une lettre.*) — N. — ⊏
Blanc, vert.    Réimpression: M. T.

Même timbre. (*Colombe plus grande.*) — N. — □
Vert glacé, blanc.

— Blood's P. O. despatch. — ☐

Bronze sur bleu foncé, noir sur blanc. — Contrefaçon : T. S.

+ Blood's 28, South Sixth st. despatch.

Rouge sur jaune, rouge sur blanc.

= D. O. Blood & Co. For the Post office. City despatch paid. — PB. — C

Noir.

= *Même timbre. (Lettres plus grasses.)* — PB. — ○

Noir. — Contrefaçon : T. S.

— 1843. D. O. Blood & Co. city dispatch post-paid. — (*Homme enjambant des maisons.*) — PB. — ☐

Noir. — Réimpression : M. T.

= D. O. Blood & Co's city dispatch paid (*Homme enjambant des
maisons*). — PB. — ☐

Noir. — Réimpression : M. T.

= Boutons city dispatch post. (*Figure d'homme.*) — PB. — C

2 cents noir, 2 c. rouge. — Réimpression : M. T.

— Boyce's City Express Post. — N. —

2 cents vert, 2 c. blanc.    Contrefaçon : T. S.

— Boyd's City Express Post. (*Aigle au-dessus d'un globe.*) —
N. — C

1 cent lilas, 1 c. violet, 1 c. vert, 1 c. vert clair, 2 c. vert foncé,
2 c. orange, 3 c. vert.

= *Même timbre.* — C. — PB. —

2 cents rouge, 2 c. or, 2 c. argent, 2 c. noir.

*Même timbre. Imprimé en or sur papier de couleur.* — C

2 cents carmin, 2 c. écarlate, 2 c. bleu, 2 c. vert.

Réimpression : M. T.

— Brady & Co's letter box. — C. — PC. —  C

1 cent rouge sur jaune.

Réimpression. — N. — PC.

Carmin, jaune, rouge, vert.

— C. & W. Bridge despatch. — PC. — C

Bronze sur jaune, or sur rouge, bronze sur vert.

— Brigg's paid despatch. — ☐

Or sur rose, noir sur blanc.

= Broadway Post-Office. (*Locomotive.*) — Oct.
Noir sur blanc. — Contrefaçon : T. S.

+ Broadway Post-Office. (*Locomotive.*) — N. — ☐
Blanc. jaune. rouge. vert.

+ Broadway Post-Office. (*Locomotive.*) — PB. — Petit ☐
Lilas.

= Brown & Mc Gill's U. S. P. O. despatch. (*Aigle.*) — PB. — ◯
Bleu. — Contrefaçon : T. S.

= Brown & Co. City Post. (Gibson Cn.) *Chiffre.* — PB. — ⊂
1 cent noir. 2 cents noir.

? G. Carter's paid despatch. — N. — Petit ☐
Blanc, bleuté. — Réimpression : M. T.

Carter's despatch (*enveloppe*) office 90 N., fifth st. paid. — C. — (

? Central post office. — N. — PC. — ◯
1 cent jaune, 1 c. brun clair.

= City despatch delivery. (*Femme avec une balance.*) — (
1 cent noir.

= City dispatch post paid. (*Homme enjambant des maisons.*) —
N. — ☐
Blanc. — Réimpression : M. T.

= City dispatch post. (*Buste de Washington.*) — N. — PC. — (
2 cents vert. 3 c. brun. 3 c. bleu, 3 c. vert clair, 3 c. blanc.

= City dispatch post. C. C. (*Buste de Washington en* ( ) — N. — ☐
2 cents vert, 2 c. jaune. 3 c. blanc.

= City express post. — (*Chiffres.*) — C. — ☐
1 cent noir, 1 c. bleu, 2 c. noir, 2 c. bleu. 2 c. noir sur brun.—
Réimpression : M. T.

? City express G. et H. paid. 423. Washington str. SE. cor. Sansome St.
— C. — PB. — ☐
Bleu.

City letter express mail. — C. — *En forme de cœur.*
1 cent rouge.

? Clark & Co. (*Boîte aux lettres.*) — PB. — ⊏
1 cent bleu. — Réimpression : M. T.: 1 c. rose. 1 c. noir.

Clinton's penny post. — N. — ▢

> Blanc. — Réimpression : M. T.

= Compagnie Franco-Américaine. Gauthier frères & C<sup>ie</sup> (*Vaisseau.*) —
PB. — ▢

> Rouge.

= Cornwell's P. O. Madison square. (*Figurine.*) — PA. — ▢

> Carmin. — Contrefaçon : T. S. : Rouge, rose pâle.

+ Cummings city post. (*Enveloppe cachetée en* ◯). — N. — ▢

> 2 cents blanc, 2 c. vert, 2 c. jaune.

= Cummings city express post, N. Y. — N. — ◯

> 2 cents rouge.

= Dupuy & Schenck penny post. (*Ruche.*) — N. — ▢

> Gris, blanc. — Réimpression : M. T.

Eagle city post paid at Adam's express and 48, South 3 d.

> Noir sur bleuté, bleu sur blanc, rouge sur blanc.

? Eagle city post and telegraph message delivery, 80, Chestnut str. —
N. — ▢

> Jaune.

+ Eagle city post from Adam's express. — N. — ▢

> Jaune-citron.

Eagle city post paid, 80, Chestnut str. — PB. — ◯

> Noir.

= East River P. O. 23, Av. D. (*Bateau à vapeur.*) — N. — ▢

> Vert.

= East River P. O. 18 Ave. D. — N. — ▢

> Vert. — Réimpression : M. T. : Vert, rouge.

= Essex letter express. (*Vaisseau.*) — N. — ▢

> 2 cents rouge. — Contrefaçon : T. S. (portant en bas les lettres S. X.)
2 c. vert, 2 c. rouge.

+ Florida Express. (*Postillon.*) — N. — ▢

> Rose, chair.

= Franklin city free dispatch post. — N. — Oct.

> Vert.

General Post Office. — N. — PC. — ○

1 cent brun.

Glen Haven daily mail. — N. — ▭

1 cent vert.

✛ Gordon's city express. (*Homme marchant.*) — N. — ▭

2 cents vert. 2 c. blanc. 2 c. écarlate. — Réimpression : M. T.

✛ *Mêmes timbres.* — Imprimés en or.

2 cents blanc, 2 c. écarlate, 2 c. carmin.

= Hall & Mills free dispatch post. — N. — ▭

Vert.

= Hanford's pony express post. (*Courrier.*) — N. — ○

2 cents jaune. — Contrefaçon : T. S.

Hourly express post letter stamp. — N. — *Losange.*

1 cent vert.

= Honour's city post.

Bleu sur blanc, noir sur jaune. — Réimpression : M. T.

Honour's penny post paid.

Noir.

= Husseys bank & insurance letter city post, 82, Broadway. (*Boîte aux lettres.*) — PB. — ▯

Brun, rouge, noir. — Réimpression : M. T.

= Hussey's bank and insurance letter city post, 50, William str., Basement. (*Boîte aux lettres.*) — ▯

Noir sur jaune. — Réimpression : Noir sur blanc, rose sur blanc.

= Husseys bank and insurance letter city post, 50, William street, Basement. — (*Boîte aux lettres.*) — PB. — ▯

Carmin. — Réimpression : Carmin, noir.

? *Même timbre*, 82, Broadway. — PB. — ▯

Carmin. — Réimpression : Carmin, noir.

Hussey's bank and insurance notice delivery office, 82, Broadway. — C. — ▯

1 cent bleu. — Réimpression : M. T.

? *Même timbre*, 50, William street. — PB. — ▯

Bleu. — Réimpression : M. T.

= Hussey's bank and insurance city post one stamp or cent.—PB.—
Rouge. — Réimpression : M. T.

= Hussey's bank and insurance special message post. — C. —
1 cent bleu. 1 c. brun, 1 c. vert, 1 c. jaune, 1 c. rose, 1 c. rouge.
Réimpression : M. T.

+ *Même timbre avec date* (1863).
Rose, vert. rouge, brun, jaune. noir. 1 cent bleu, 2 c. brun.

+ Hussey's special message post, 50. Williams street. N. Y. (*Mercure
à cheval.*) —
5 cents noir sur orange, 10 c. bronze sur vert, 15 c. or sur bleu
foncé, 25 c. or sur bleu.

+ **Essai :** *Même timbre, sans valeur indiquée.* — PB. —
Noir.

= International express. — N. —
2 cents vermillon.

= International letter express. — N. —
2 cents fauve. 2 c. vert.

= Jenkin's Camden dispatch. (*Tête.*) — N. —
Jaune gris, blanc. — Réimpression : Blanc.

+ Johnson's free P. O. Box. Printer, publisher and stationer. n° 7.
10th st. Philad'a 1863. (*Profil Lincoln, avec inscription* U. S. Prest.) — N. - PC.
Orange.

= Jones city express post. (*Buste.*) — N. —
2 cents rose.

+ Langton & Co. Money package over all our routes. — N. – PC. —
30 for a dollar brun. 30 for a d. gris. 30 for a d. rose pâle. 20 for
a d. jaunâtre, 20 for a d. gris clair, 20 for a d. jaune,
15 for a d. blanchâtre, 15 for a d. vert, 10 for a d.
rouge, 5 for a d. or sur rose pâle. 5 for a d. bronze
sur jaunâtre.

= Letter express free. 20 for 1 dollar. (*Port de mer.*) — N. — 
Chair, vert.

= Letter express free, 10 for a dollar. (*Homme tenant un drapeau.*)
— N. —
Marron.

— Mc. Intire's city express post. (*Mercure.*) — PB. — ▯

2 cents rose. — Réimpression : M. T.

= Messenkope's Union Square Post-Office. — (*Lampe.*) — N. — ◯

Vert. blanc. — Contrefaçon : T. S. : Vert.

= Metropolitan Errand and carrier express Co. — PB. — *Impression rouge orange. En forme d'écusson.*

1 cent, 5 c., 10 c., 20 c. — Réimpression : M. T. : Marron.

= *Même timbre. — PB. — Impression bleu pâle. En forme d'écusson.*

1 cent, 5 c., 10 c., 20 c. — Réimpression : M. T. : Bleu foncé.

= *Même timbre. Impression bleu pâle. En forme d'écusson; tiré des deux côtés.*

1 cent, 5 c., 10 c., 20 c.

*Timbre semblable, en R., en forme d'écusson.*

2 cents rouge sur jaune.

Metropolitan P. O. express to mail. W. H. Laws, P. M. — PB. *en R.* — *En forme d'écusson.*

Bleu, rouge, brun.

= Metropolitan P. O., 13, American Bible House, N. Y. W. H. Laws, Propr. — C. — PB. — *Inscription en R. bl.* — Oct.

Bleu, rouge, brun. — Réimpression : M. T.

G. A. Mill's free despatch post. — N. — ☐

Vert.

= New-York city express. (*Aigle sur un globe.*) — N. — ◯

2 cents vert.

? One cent despatch. (*Cavalier.*) — C. — ▯

Rouge, bleu. — Réimpression : M. T.

= Paid eagle Post at Adam's express. — PB. — ☐

Bleu, rouge. — Réimpression : M. T.

= Penny post paid. — PB. — ☐

Bleu.

= 1849. Pomeroy's letter express. (*Buste de femme.*) — PB. — ☐

Bleu, rouge, noir, noir sur papier jaune.

— Post-Office despatch. — C. — ▭

1 cent rouge. 1 c. bleu.

= Price's city express post. (*Buste de Fillmore.*) — N. — Grand ◯
  2 cents vert. 2 c. rouge.

= Price's city express post. (*Buste de Halley.*) — N. — Petit ◯
  2 cents vert. 2 c. rouge.

Priest's paid despatch. — N. — ☐
  Blanc, bleu, brun clair, rose. — Réimpression: M. T.

= Roadman's Pennypost. — C. — PB. — ☐
  Brun, rouge. — Réimpression: M. T.

Robison & Co. (*Lettre.*) — N. — ☐
  1 cent bleu clair. — Contrefaçon: Jaune, orange, vert.

Robinson & Co's dispatch.
  1 cent brun sur bleu, 1 c. rouge sur vert, 1 c. noir sur bleu.

Robinson & Co. (*Enveloppe.*) — N. — ☐
  1 cent gris.

+ Russell's post-office. 8th *Avenue.* (*Buste en ovale.*) — N. — Oct.
  Vert, jaune, rose.

= Russell's post-office. (*Buste en ovale.*) — ☐
  Vert foncé sur vert. — Réimpression: M. T.: Rouge sur rouge foncé.
          noir sur blanc, bleu sur rose, noir sur rose.

Smith's city express post, postage, to be collected on delivery. —
          N. — ☐
  2 cents rouge. 2 c. vert. — Réimpression: M. T.

= Smith's city express post. postage paid. — N. — ☐
  2 cents vert. — Contrefaçon: T. S.

+ Spence et Brown's express post, paid. (*Cavalier.*) — N. — Oct.
  Blanc.

Stait & Co's eagle city post. — Grand ☐
  Noir sur jaune.

= Staten Island paid express post. — PB. — ☐
  3 (cents) rouge. — Réimpression: M. T.

= Steinmeyer's city post, paid. — C.
  2 cents rose. 2 c. jaune, 2 c. vert. 2 c. lilas.

= Swart's city dispatch post. Chatham Square. Post office. (*Buste de*
          *Washington.*) — C. — ☐
  Brun, rouge foncé, rose, noir, lilas. — Réimpression: M. T.

= Swart's city dispatch post, rough and ready. (*Profil de **Z. Taylor**.*) — C. — ☐

Brun, vert, bleu. — Réimpression : M. T.

*Même timbre.* — ☐

Rouge brun sur jaune.

= Swart's for U. S. mail prepaid. — PB. — ☐

1 cent bleu. — Réimpression : M. T.

= The city and suburban telegraph. — PB. — ◡

2 cents noir.

= Union Square P. O. city dispatch. — N. — *En forme d'écusson.*

2 cents rose.

= Union Square P. O. to the mail N. Y. City. — N. — *En forme d'écusson.*

1 cent vert, 1 c. vert jaunâtre, 1 c. rouge.

= United States city dispatch post. (*Buste de **Washington** en* C) — N. — ☐

3 cents bleu, 3 c. vert.

= U. S. P. O. paid. — ☐

1 cent or sur bleu foncé, 1 c. violet sur blanc, 1 c. noir sur blanc. — Réimpression : M. T.

U. S. P. O. Paid. L. P. — N. — ☐

1 cent rose.

= U. S. Mail, prepaid. — N. — PC.

1 cent rouge, 1 c. brun jaune, 1 c. jaune.

+ Utah postage. (*Portrait d'homme.*) — PB. — Oct.

5 cents rose.

= Warwick's city dispatch post. (*Encadrement de losanges.*) — N. — ☐

2 cents carmin, 2 c. jaune. — Contrefaçon : T. S.

= *Même timbre.* (*Encadrement de chaines.*) — N. — ☐

2 cents jaune. — Réimpression : M. T.

*Même timbre.* (*Encadrement simple.*) — N. — ☐

2 cents.

*Même timbre.* (*Encadrement de fleurs.*) — N. — ☐

2 cents vert.

+ *Même timbre.* — FB. — ⊏

  6 cents brun rouge.

+ *Même timbre.* — N. — ☐

  6 cents jaune, 6 c. rouge, 6 c. orange, 6 c. vert.

= *Même timbre.* — N. — Grand ☐

  2 cents jaune. — Contrefaçon : T. S.

West-town stage dispatch. — C.

  2 cents or, 2 c. rouge, 2 c. orange.

Whittlesey's express. (*Buste de Washington en* ○) — C. — ☐

  2 cents rouge.

? Winan's city post. — N. — ☐

  2 cents blanc, 5 c. jaune, 10 c. vert, 20 c. rouge.

## ALBANY.

Thompson & Co's American express. — N. — ☐

  10 cents bleu.

## BALTIMORE.

= 1847. Adam's express Company. — Enveloppe. (*Caducée.*) — ○

  Vert sur jaune, rouge sur jaune.

= Carrier's despatch. — C. — ☐

  1 cent bleu, 1 c. rouge, 1 c. carmin. — Contrefaçon : T. S.

*Timbre semblable.* — C. — ☐

  1 cent rouge.

= Carrier's stamp. (*Buste de Franklin en* ○) — C. — FB. — ⊏

  Brun rouge.

= Grafflin's Baltimore despatch. (*Monument.*) — FB. — ☐

  1 cent noir, 1 c. rouge. — Réimpression : M. T.

Stringer et Morton's city dispatch. — ☐

  Noir sur brun. — Réimpression : M. T.

## BOSTON.

Cheever and Towle, 7, State St. city letter delivery, 50 for a dollar. —

        C. — ○

  Bleu, rouge. — Réimpression : M. T.

— Gordon Mc Kay. Stamps sold only by. — PB. — ☐
   1 cent bleu.
= Hale & Co. Boston. — PB. — Oct.
   Bleu, rouge. – Réimpression: M. T.
= Hale & Co., 13, Court St. Boston. — PB. — Oct.
   Bleu, rouge. — Réimpression: M. T.

## BRATTLEBORO.

= Brattleboro Vt. Post office. — N. —
   5 cents blanc.

## BROOKLYN.

= City Express Post. (*Colombe en* ◯) — N. — ☐
   1 cent bleu, 1 c. bleu verdâtre, 1 c. bleu outremer, 2 c. rouge
        foncé, 2 c. rose, 2 c. carmin, 2 c. bleu. — Réim-
        pression: M. T.
*Timbre semblable.* — Oct. — N.
   2 cents blanc.
   · 1845. Kidder's city express post. (*Courrier.*) — N. — Oct.
   2 cents vert bleuâtre.

## CHESTER. N. Y.

+ Westervelt's Post. — N. — ☐
   Azuré. — Réimpression: Chair. — Contrefaçon: Jaune, rouge, vert.

## CHICAGO.

= Brady & Co's Penny post. — PB. — ◯
   1 cent violet.
— Floyd's penny post. (*Buste dans un cercle.*) — PB. — ☐
   Bleu, brun, brun pâle, noir, vert, rose. — Réimpression: M. T.
*Même timbre.* — N. — ☐
   Bleuté.
Moody's 1 d. dispatch. — N. — ☐
   Orange.
Penny post. (*Ruche.*) — PB. — ☐
   Brun, orange.

**FRANKFORD.**

= De Ming's penny post. — N. — Petit ☐
  Bleuté, blanc. — Réimpression : M. T.

**MILLVILLE.**

Bradways despatch. — C. — ☐
  Doré sur papier bleuté.

**NEVADA TERRITORY.**

Humboldt's Express. Langton & Co. (*Diligence à quatre chevaux.*) —
        PB. — ☐
  25 cents brun.

**NEWBURGH.**

= American Express Co. *Drapeau.*) — PB.
  Bleu et rouge.

**NEW-JERSEY.**

New-Jersey Express Co. (*Tête de cheval coupée droit. En R. — (*
  Vert sur jaune.

New-Jersey Express Co. (*Tête de cheval coupée en demi-cercle. en*
        R. — (
  Vert sur jaune.

**NEW-ORLEANS.**

+ New-Orleans Post-office paid. (*Tête dans un ( ) — PB. — ☐*
  20 cents rose.

**PHILADELPHIE.**

— Adams Express Co., 320, Chestnut str., Phila. (*Cheval avec ailes*
        *au galop.* — C. — PC. — ☐
  Rouge sur jaune.

— Blood's Penny Post, Philada. — Petit ☐ PA.
  Bleu, doré. — Réimpression : Or sur blanc, bronze sur brun clair
        bronze sur noir, bronze sur gris bleu

— Même timbre.
  Or sur bleu foncé.

Bloods despatch stamp for Phila. delivery, office 26 & 28 So. 6th.
St. — C. — PC. — ○

Rouge sur blanc, rouge sur jaune.

= Blood's Penny Post. Kochersperger & Co. (*Buste de H. Clay.*) —
PB. — ○

Noir.

**Spécimens :** *Mêmes timbres.* — PB. — ○

Violet, vert, brun, brun rouge.

— *Timbre semblable.* — PB. — □

Noir. — Réimpression : M. T.

Blood's despatch stamp for Philadelphia delivery. 26 South 6th. — ○
Vermillon sur jaune, vermillon sur blanc.

Blood's despatch envelope for Philadelphia delivery, prepaid.
Rouge sur jaune, rouge sur blanc.

Blood's dispatch and Coal office. 26 and 28 South 6th street. — ○
Rouge sur jaune.

Chestnut str. line, drop letter. (*Buste de Girard.*) — N. — □
1 c. carmin.

Clinton's Penny post. — PB. — □
Noir. — Réimpression : M. T.

Cressman & Co's penny post. — □
Or sur rose, or sur bleu foncé. — Réimpression : M. T.

Johnson's to the Post-Office every two hours. — *En forme d'écusson.*
Noir sur blanc. — Réimpression : M. T.

Teese and Co's penny post. — Petit □
Bleu sur brun jaune, bleu sur blanc, rouge sur blanc, bleu sur azur.
Réimpression : M. T.

Squier & Co's city letter dispatch. (*Colombe.*) — C. — □
1 cent rose, 1 c. vert, 1 c. brun, 1 c. violet, 2 c. vert, 2 c. rouge. —
Réimpression : M. T.

*Même timbre.* — PB. — Oct.
1 cent vert.

## SAN FRANCISCO.

California penny postage from the post-office. paid 5, care of the penny post Co. — C. — PB. — ☐

Bleu.

California penny post Co. paid 2 to the post-office. — C. — PB. — Oct.

Bleu.

Robinson and Co. San Francisco express paid. — N. — PC. — ☐

Jaune.

San Francisco Letter express. — N. — PC. — ☐

Rose.

## WASHINGTON.

City delivery, G. & H. San Francisco. — C. — PB. — ☐

5 cents bleu.

= City dispatch. (*Courrier.*) — C. — ☐

1 cent lilas. 1 c. brun.

= One cent despatch, Washington city. (*Cavalier.*) — BP. — ☐

Brun. noir. bleu. rouge. — Réimpression: M. T.

### Timbres spéciaux.

= Wells. Fargo & Co. (*Nom dans une jarretière.*) — ☐

½ oz. 1 dollar bleu. — Réimpression: M. T.

= Wells. Fargo & Co. one newspaper over our Californian route. — B. — Grand ☐

Bleu.

Wells. Fargo & Co. paid express. — N — ☐

Blanc.

= Wells. Fargo & Co. pony express. (*Homme à cheval.*) — C. — Li. — ☐

1 dollar rouge. 2 dol. vert, 2 dol. rose. 4 dol. vert. 4 dol. noir.

Contrefaçon: 2 dol. noir.

*Même timbre.* Ty.

1 dollar rouge. 2 dol. vert. 4 dol. noir.

Wells. Fargo & Co. pony express, if enclosed in our franks. (*Cavalier.*) — PB. — ☐

10 cents brun. 25 c. bleu.

+ Wells, Fargo & Co. stage coach, 4 horses overland, via Los Angelos for U. S. mail.

### Services spéciaux.

NB. Ces timbres étaient *censés* opérer affranchissement des lettres circulant dans les *bazaar* ou *fair* (ventes) au profit des blessés.

Central fair postage. (*Aigle à dr. entouré de drapeaux.*) — C. — PB. — ☐ — pe.

10 cents bleu. 20 c. vert, 30 c. noir.

Bazaar post-office. (*Aigle sur une branche.*) — C. — PB. — ☐

10 cents rose. 10 c. bleu.

Bazaar post-office. Albany. (*Aigle.*) — PB. — ☐

10 cents bleu.

1864. Central fair postage. *Aigle et drapeaux.* — PB. — ☐ — pi.

10 cents bleu. 20 c. vert. 30 c. noir.

# ÉTATS CONFÉDÉRÉS D'AMÉRIQUE.

**TIMBRES.**

### Services locaux.

*Inscription* P. O. Columbia st., en C entourant un second O dans lequel la *valeur en chiffre.* — C. — PB. - *Frappé à la main.* — ( D.

5 cents bleu clair.

NOTA. Il paraît que dans les débuts de la Sécession on a frappé des enveloppes blanches de timbres à la main opérant affranchissement.

## BATON ROUGE.

1861. *Nom, valeur en chiffres au-dessus de l'inscription:* J. Mc. Cormick. — C. — PB. — Ty.

5 cents rose sur fond vert. — Contrefaçon: T. S.

## CHARLESTON.

1861. *Inscription* P. O. Charleston, S. C., *valeur en chiffre.* — C. — PC. — Ty. — ☐

5 cents bleu sur blanc. 5 c. bleu sur jaune.

## MEMPHIS.

1861. *Nom , valeur en chiffre au-dessus de l'inscription :* Memphis Tenn. — C. — PB. — Ty. — ⊃

5 cents rouge. — Contrefaçon : T. S.

1861. *Inscription :* Paid Mc. Callaway ; *valeur (en chiffre) en* ◯ *tout autour 11 étoiles.* — C — PB. — Ty. — ☐

2 cents bleu. — Contrefaçon : T. S.

*Inscription* (Paid R. H. Glass P. M.), *valeur en* ⊃ — C. — PB. — ☐

5 cents bleu.

## MOBILE.

1861. *Nom , valeur en chiffres dans une étoile à 5 branches.* — C. — PB. — Ty. — ☐

2 cents noir, 5 c. bleu. — Contrefaçon : T. S

## NASHVILLE.

1861. *Nom , étoile et valeur (en chiffre) en* ⊃. *tout autour l'inscription :* W. D. Mc. Nish. P.M. Tenn. — C. — PA. — Ty.

5 cents carmin, 10 c. vert. — Contrefaçon : T. S., 5 c. gris.

## NOUVELLE-ORLÉANS.

1861. *Valeur en chiffre au milieu ; tout autour l'inscription :* New-Orleans Post-Office, *en haut et en bas le nom :* J. L. Riddell. — C. — Ty. — ☐

2 cents bleu, 2 c. rouge, 5 c. brun sur papier blanc, 5 c. brun sur papier azuré.

Contrefaçon : T. S.

5 cents brun, 5 c. brun clair, 5 c. brun (PA.)

## RICHMOND.

+ 1862. *Inscription* (Buck's Richmond express. Paid. Confederate states only). — C. — PB. — Li. — ☐

1 cent noir, 2 c. rose, 5 c. brun, 10 c. bleu, 15 c. vert-olive, 20 c. rouge brun.

+ *Inscription* (Richmond postage), *drapeau confédéré.* — C. — PB.
— Li. — ☐

5 cents vert. 5 c. violet.

*Inscription* (Richmond city post), *deux canons croisés.* — N. — PB. —
Li. - ☐

Noir.

## ÉTATS CONFÉDÉRÉS.

1861. *Noms, portraits, à d., en* ○ — C. — PB. — Ty. — ☐

5 cents vert (*Jeff. Davis*), 10 c. bleu (*Thomas Jefferson*).

1862. *Noms, portraits, en* ○ — C. — PB. — Ty. — ☐

2 cents vert (*And. Jackson*). 5 c. bleu (*Davis*), 10 c. rose (*Jefferson*).

*Nom, portrait de J. C. Calhoun, en* ○ — C. — PB. — Ty. — ☐

1 cent orange (papier glacé, tirage d'essai), 1 c. orange rougeâtre.

> NOTA. Le 1 cent orange a été gravé et imprimé à Londres. Le
> navire qui portait en Amérique les feuilles imprimées et les matrices,
> ayant fait naufrage, il n'existe plus de ce timbre qu'un nombre très-
> restreint d'exemplaires qui n'avaient pas été joints à l'envoi. Il en
> résulte que ce timbre n'a jamais été en usage, et cependant on ne
> saurait le classer parmi les essais, puisqu'il était adopté.

1863 à avril 1865. *Noms, portraits.* — C. — PB. — Ty. — Petit ☐

2 cents carmin (*A. Jackson*), 2 c. carmin pâle (*A. Jackson*). 5 c.
bleu de ciel (*Jeff. Davis*).

10 cents bleu clair (valeur en chiffres [*Davis*]), 10 c. bleu (valeur
en lettres [*Davis*]), 20 c. vert (*Washington*).

> NOTA. Il y a lieu d'établir une différence entre la première émis-
> sion du 5 cents, dont le tirage a été fait à Londres, et qui se distingue
> par la pureté de l'impression, et les tirages subséquents, d'apparence
> bien plus grossière, faits en Amérique. — On remarque aussi trois
> nuances dans le 10 cents bleu, valeur en chiffres et deux dans le 20 c.

1864 à avril 1865. *Nom* (Confederate States), *inscription :* Blockade
postge to Europe. — C. — PB. — Ty. — ☐

1 dollar bleu. 1 dollar noir sur rose. 1 dollar vermillon. 1 dollar
orange.

1864 à avril 1865. *Même timbre, inscription :* Blockade postge to
W. Indies.

25 cents brun pâle, 25 c. brun, 50 c. vert, 50 c. vert jaunâtre,
50 c. noir sur rouge foncé, 50 c. noir sur orange pâle,
1 dollar bleu, 1 dol. vermillon, 1 dol. lilas.

Nota. L'authenticité de ces timbres est plus qu'improbable.

## ILES BERMUDES (Colonie anglaise).

1865. *Nom, tête de la reine Victoria, couronnée, à g., en* ◯   C. —
PVAB. (Fil: *couronne, CC.*) — Ty. — ☐ — pi. 14.

1 penny carmin, 2 pence bleu, 6 p. violet, 1 shilling vert.

# MEXIQUE.

### TIMBRES.

Nota. Avant d'être émis, tous les timbres mexicains reçoivent, imprimé sur le côté à l'encre noire, le nom de la province de provenance.

## République.

1856. *Nom* (Mejico), *portrait (curé Hidalgo).* — C. — PB. — TD. — ☐

½ real bleu, 1 r. jaune, 2 r. vert, 2 r. vert jaune, 4 r. rouge,
8 r. violet.

1861. *Même timbre.* — N. — PC. — TD. — ☐

½ real brun clair, 1 r. vert, 2 r. rose violacé, 4 r. jaune, 8 r. brun.

1863. *Même timbre.* — C. — PC. — TD. — ☐

4 real rouge sur jaune, 8 r. vert sur brun.

1864. *Timbre semblable.* — C. — PB. — Ty. — ☐ — pi.

1 real rouge, 2 r. bleu, 4 r. brun, 4 r. vert, 1 peso noir.

Nota. Les timbres de 1864 paraissent avoir été émis par Juarez pour les quelques provinces qu'il occupait encore: peut-être y a-t-il lieu de les considérer comme de simples essais.

## Empire.

Juillet 1864. *Nom* (Mejico), *aigle couronné tenant un serpent.* —
C. — PB. — TD. — ☐

½ real brun, ½ r. lie de vin, ½ r. brun pâle, 1 r. bleu, 1 r. bleu
outremer, 2 reales jaune, 4 r. vert, 8 r. carmin.

Émis par le gouvernement de l'empereur Maximilien.

1865. *Même timbre.* — C. — PB. — TD. — ☐

3 centavos brun.

Septembre 1866. *Inscription* (Imperio mexicano), *tête de l'empereur Maximilien, à g.* — C. — PMB. — Li. — ☐

7 centavos brun, 13 c. bleu, 25 c. jaune brun, 50 c. vert.

*Mêmes timbres.* C. — PMB. — TD. — ☐

7 centavos brun, 13 c. bleu, 25 c. jaune brun, 50 c. vert.

Nota. La netteté du tirage présente des différences sensibles.

## HONDURAS (République de).

### TIMBRES.

1865. *Nom, écu ovale aux armes du pays.* — N. — PC. — Li. — ☐

2 reales rose, 2 r. vert clair.

## HONDURAS BRITANNIQUE (Colonie anglaise).

### TIMBRES.

Janvier 1866. *Nom* (British Honduras), *effigie de la reine Victoria, couronnée, à g.* — C. — PVAB. (Fil: couronne, *CC.*) — Ty. — ☐ — pi.

1 penny bleu de ciel, 6 p. carmin, 1 shilling vert.

## NICARAGUA (République de).

### TIMBRES.

2 décembre 1862. *Nom, paysage (montagnes).* — C. — PB. — Ty. — ☐

2 cents bleu, 5 c. noir.

Nota. Peut-être des essais.

1864. *Mêmes timbres,* pi. 12.

2 cents bleu, 5 c. noir.

## COSTA-RICA (République de).

### TIMBRES.

Décembre 1862. *Nom, vue maritime (mer, vaisseaux et montagnes).* — C. — PB. — Ty. — ☐

½ real bleu, 2 reales rouge.

Avril 1863. *Mêmes timbres,* pi. 12.

½ real bleu, 2 reales rouge, 4 r. vert (mars 1864), 1 peso orange (janvier 1864).

# SALVADOR (République de).

1867. *Inscription* (Correos del Salvador). *volcan en* ◯ *surmonté de* 11 *étoiles.* — C. — PB. — TD. - ☐ — pi. 12.

2 reales vert.

On annonce également l'émission d'un timbre de 1 real bleu et de 4 reales brun.

# ILES BAHAMAS (Colonie anglaise).

### TIMBRES.

10 juin 1859. *Nom* (Bahamas), *portrait* (reine *Victoria, couronnée).* — C. — PVB. — Ty. — ☐

1 penny carmin.

Nota. Quelques feuilles ont été accidentellement émises non piquées.

*Mêmes timbres,* pi. 15 et 12.

1 penny carmin.

16 décembre 1861. *Nom, portrait* (reine *Victoria, couronnée).* — C. — PVB. — Ty. — ☐ — pi.

4 pence rose pâle (pi. 13). 6 p. lilas pâle (pi. 15 et 12).

1862. *Mêmes timbres.* — C. — PVAB. (Fil: *couronne, CC.*) — Ty. — ☐ — pi. 13.

1 penny carmin foncé. 4 p. rose. 6 p. lilas.

Août 1863. *Même timbre.* — C. — PVAB. (Fil: *couronne, CC.*) — Ty. — ☐ — pi. 14.

1 shilling vert.

# JAMAÏQUE (Colonie anglaise).

### TIMBRES.

7 mai 1858. *Nom* (Jamaica). *tête de la reine, à g.* — C. — PVAB. (Fil: *ananas.* — Ty. — ☐ — pi. 14.

1 penny bleu. 2 pence rose. 4 p. orange, 6 p. lilas, 6 p. violet, 1 shilling brun. 1 sh. chocolat.

1863. *Même timbre,* pi. 14.

3 pence vert.

### Épreuves.

1860. *Mêmes timbres, non piqués.*

1 penny bleu. 2 pence rose. 4 p. orange. 6 p. lilas, 1 shilling brun.

# SAINT-DOMINGUE (République de).

**TIMBRES.**

1862. *Écusson avec croix d'argent, au milieu duquel un livre ouvert et un trophée d'armes; valeur en lettres italiques, à g., de bas en haut. — N. — PC. — Ty. — □*

½ real rose, 1 r. vert.

1865. *Mêmes timbres, valeur en caractères romains de haut en bas, à g.*

½ real vert d'eau, 1 r. brun-paille.

1866. *Inscription (Correos) en haut, valeur en bas; écusson dans lequel deux petits écus à croix d'argent. — N. — PC. — Ty. — □*

1 real vert pâle. 1 r. vert jaune.

*Inscription (Correos) en haut, valeur en bas, en ◯, dans lequel écusson en ◯ — C. — PB. — Li. — □*

2 reales rouge.

NOTA. L'authenticité de ce dernier timbre est plus que douteuse.

# ILES SAINT-THOMAS et SAINTE-CROIX (Colonies danoises).

**TIMBRES.**

10 novembre 1855. *Inscription (Kgl. Post. Frm.), armoiries (couronne avec épée et sceptre en sautoir), valeur en chiffres. — C. — PVB. (Fil: couronne.) — Ty. — □*

3 cents carmin foncé.

1861. *Même timbre, papier rougeâtre pâle.*

3 cents carmin foncé.

1863. *Même timbre, papier rougeâtre.*

3 cents carmin foncé.

NOTA. La couleur rougeâtre du papier est due à la gomme brune qui enduit le timbre.

1867. *Même timbre. — PVB. (Fil: couronne.)*

3 cents carmin.

# ILE SAINT-CHRISTOPHE (Colonie anglaise).

Il existe pour ce pays des essais, mais il n'a pas encore été émis de timbres-poste proprement dits

## NEVIS (Colonie anglaise).

**TIMBRES.**

1861. *Nom, trois figures de femmes, au fond une cascade. Fond
et cadre différents pour chaque timbre.* — C. — PB. —
Ty. — ☐ — pi. 13.

1 penny laque rouge, 4 pence rose, 6 p. lilas, 1 shilling vert.

*Même timbre.* — PA. — pi. 13.

1 penny laque rouge.

1867. *Mêmes timbres.* — pi. 14 1/2.

1 penny vermillon, 4 pence orange, 6 p. lilas, 1 shilling vert bleuâtre.

## ANTIGOA (Colonie anglaise).

**TIMBRES.**

1862. *Nom* (Antigua), *tête de la reine Victoria, à g.* — C. — PVB.
(Fil : *étoile.*) — Ty. — ☐ — pi. 14, 15, 15 1/2.

1 penny violet rougeâtre, 1 p. carmin, 6 pence vert.

## SAINTE-LUCIE (Colonie anglaise).

**TIMBRES.**

1859. *Nom* (St Lucia), *tête de la reine Victoria, à g., en ◯, sans
indication de valeur.* — C. — PVB. (Fil : *étoile.*) — TD.
— ☐ — pi. 15 1/2

Rouge (1 penny), bleu (4 pence), vert (6 p.).

1863. *Mêmes timbres.* — PVAB. (Fil : *couronne, CC.*) — pi. 13.

Carmin (1 penny), bleu vif (4 pence), vert vif (6 p.).

1865. *Mêmes timbres.* — PVAB. (Fil : *couronne, CC.*), pi. 13.

Noir (1 penny), jaune (4 pence), violet (6 p.), orange (1 shilling).

## SAINT-VINCENT (Colonie anglaise).

**TIMBRES.**

1859. *Nom. tête de la reine Victoria, à g.* — C. — PVB. — Ty. — ☐

1 penny laque rouge, 6 pence vert.

1860. *Mêmes timbres,* pi.

1 penny laque rouge (pi. 11 1/2, 14, 15), 6 pence vert (pi. 14, 14 1/2,
15 1/2

1866. *Mêmes timbres.* — C. — PMB. — Ty. — ☐ — pi.
4 pence bleu (pi. 12), 1 shilling gris noir (pi. 15).

## ILES DES VIERGES (Colonie anglaise).

1866. *Femme tenant en main une fleur de lis*, *nom* (Virgin islands).
— C. — PB. — TD. — ☐ — pi. 12.
1 penny vert. 6 p. carmin.

## BARBADE (Colonie anglaise).

### TIMBRES.

*Nom* (Barbados), *Britannia assise, sans indication de valeur* —
C. — PA. — Ty. — ☐
Vert (½ penny), bleu (1 p.), rouge (4 p.).

NOTA. La couleur azurée du papier paraît provenir de la gomme
dont il est enduit.

*Mêmes timbres.* — C. — PB. — Ty. — ☐
Bleu, vert foncé, rose, rouge.

*Même timbre, avec indication de la valeur*
6 pence carmin, 1 shilling noir.

1862. *Mêmes timbres,* pi. 14, 14½, 15½.
Vert clair, rose, bleu, 6 pence carmin

1864. *Mêmes timbres,* pi. 14.
6 pence rouge, 1 shilling noir

1866. *Mêmes timbres,* pi. 15½.
Rouge orange.

## GRENADE (Colonie anglaise).

### TIMBRES.

1860. *Nom* (Grenada). *buste de la reine, couronné, à g.* — C. —
PB. — Ty. — ☐ — pi. 15.
1 penny vert. 6 pence carmin.

*Mêmes timbres.* — C. — PVB. (Fil: *étoile*). — Ty. — ☐ — pi. 15.
1 penny vert (pi. 14 et 15), 6 pence carmin.

1867. *Même timbre.* — PVB. (Fil: *étoile*). — pi. 14.
6 pence rouge orangé.

# TRINITÉ (Colonie anglaise).

## TIMBRES.

4 avril 1851. *Nom (Trinidad). Britannia assise.* — C. — PVA. — Ty. — ⬚

Rouge-brique (1 penny), rouge brun (? 1 p.), violet (? 4 pence),
bleu (? 6 p.), noir (? 1 shilling).

? 1854. *Mêmes timbres.* — PVB.

Rouge carmin (1 p.), violet (? 4 p.), bleu (? 6 p.), noir (? 1 shilling).

? 1856. *Timbre semblable, la dentelle de l'encadrement remplacée
par des lignes parallèles.* — C. — PB. — TD. — ⬚

Bleu (? 6 p.), bleu pâle (? 6 p.).

NOTA. Imprimé dans l'île par suite d'un retard dans l'arrivage des
timbres imprimés en Angleterre.

? 1858. *Même timbre, impression presque invisible obtenu par
report lithographique du timbre précédent).* — C. —
PB. — LA. — ⬚

Rouge (1 p.), vermillon pâle (1 p.), bleu (? 4 p.), gris (? 4 p.).

NB. Ces timbres ont été imprimés dans l'île par suite d'un retard
analogue au précédent.

1859 *Timbre semblable, nom en haut, en bas la valeur.* — C. —
PVB. — Ty. ⬚

4 pence violet pâle, 4 p. lilas, 6 p. vert, 1 shilling noir bleuâtre.

1 janvier 1863. *Mêmes timbres,* pi. 15, 11 et 12.

4 p. violet, 6 p. vert, 1 sh. noir bleuâtre.

Janvier 1863. *Même timbre que 4 avril 1851.* — C. — PB. — ⬚ —
pi. 15.

Rouge (1 p.).

1863. *Même timbre,* pi. 15 et 12.

Rouge carmin.

Fin 1863. *Même timbre.* PVAB. pi. 15.

Rouge brun.

*Mêmes timbres,* pi. 12.

4 p. violet, 6 p. vert, 1 sh. noir bleuâtre.

*Mêmes timbres,* pi. 13.

Rouge, 4 pence violet, 6 p. vert.

Mai 1863. *Même timbre que* 1 janvier 1863. — PVAB. (Fil: *couronne.*
*CC.*, pi. 13.

4 pence violet clair, 4 p. violet mat. 6 p. vert. 6 p. vert-de-gris.
1 shilling violet.

# NOUVELLE-GRENADE (États-Unis de la).

**TIMBRES.**

1859. *Nom* (Confed. Granadina), *lettres* ad *dans l'angle supérieur
de gauche de l'octogone. armoiries.* — C. — PB. —
Ty. — Oct.

5 c. lilas, 5 c. violet clair. 5 c. gris, 5 c. brun violet, 10 centavos
brun jaunâtre, 10 c. jaune, 20 c. bleu. 20 c. bleu foncé.

NOTA. Nous serions disposé à admettre que quelques-unes des
variétés de nuance sont dues à des réimpressions.

*Même timbre.* — PVB.

5 c. lilas.

1859. *Timbres semblables, lettres* adi *dans l'angle supérieur de
gauche de l'octogone; nom et chiffre indiquant la
valeur. plus hauts que dans les timbres ci-dessus.*

2½ centavos vert. 2½ c. vert jaunâtre. 5 c. bleu. 5 c. violet.
5 c. lilas. 5 c. gris. 10 c. brun jaunâtre. 10 c. jaune-
orange. 10 c. orange. 10 c. rouge. 10 c. chocolat.
10 c. brun. 20 c. bleu. 1 peso rose. 1 peso carmin.
1 peso carmin (papier azure).

NOTA. Nous serions disposé à admettre que quelques-unes de ces
nombreuses variétés de nuance sont dues à des réimpressions.

1860-1861. *Nom* (Estados unidos de Nueva Granada). *armoiries.* —
C. — PB. — Ty. — Grand ☐

2½ centavos noir. 5 c. jaune clair. 5 c. jaune foncé. 10 c. bleu.
20 c. rouge brun. 1 peso rose.

# COLOMBIE (États-Unis de la).

NOTA. Par suite d'une révolution le gouvernement de Quito
(Équateur) se réunit à l'ancienne république de la Nouvelle-Grenade; par contre. le gouvernement de Panama s'en détacha. — Le
nouvel État a pris le nom de Colombie.

**TIMBRES.**

1861. *Nom* (E. U. de Colombia). *armoiries.* (9 *étoiles réparties en
haut et en bas.)* — C. — PB — Ty. — ☐

10 centavos bleu, 10 c. bleu pâle, 20 c. rose, 50 c. vert tendre, 50 c. vert russe, 1 peso lilas.

*Même timbre.* — PA.

1 peso lilas.

1863. *Nom* (E. U. de Colombia), *armoiries, en haut 9 étoiles.* — C. — PB. — Ty. — Oct.

5 centavos orange, 10 c. bleu, 10 c. bleu (papier azuré), 20 c. brun rouge, 50 c. vert (papier bleuté).

1864. *Timbres semblables, ornements dans les 4 coins, champ de couleur.* — C. — PB. — Li. — Oct.

5 centavos orange, 10 c. bleu, 20 c. rouge, 50 c. vert, 1 peso violet.

NOTA. On rencontre deux séries de ces timbres, l'une couleurs vives, l'autre couleurs pâles.

Janvier 1865. *Nom* (E. U. de Colombia) *en ○ entourant un 2e ○ qui porte un aigle sur un écu entouré de drapeaux, valeur au bas.* — C. — PB. — Li. — ▢

5 centavos jaune, 5 c. jaune-orange, 5 c. orange, 10 c. brun violet, 10 c. lilas, 10 c. violet, 20 c. bleu, 50 c. vert, 1 peso carmin, 1 p. rouge vermillonné. (1866).

NOTA. Le 10 c. et le 20 c. varient beaucoup de couleur.

Juillet 1865. *Nom, armoiries surmontées d'un aigle; à droite et à gauche un canon.* — C. — PB. — Ty. ▢, *coins arrondis.*

1 centavo rose (papier fort), 1 c. carmin (papier mince).

Juillet 1865. *Trois écus aux armes de la Colombie réunis et formant un triangle.* — N. — PC. — Li. — Triangulaire.

2½ centavos lilas pâle.

NOTA. Sert de chiffre-taxe.

Juillet 1865. *Lettre R au milieu d'une étoile à six branches.* — N. — PB. — Li. — ▢

NOTA. La lettre R signifie: *Registratada* (enregistrée); c'est un timbre pour les lettres recommandées.

Juillet 1865. *Lettre A au milieu d'une couronne de chêne et de laurier.* — N. — PB. — Li. — ▢

5 centavos noir.

NOTA. La lettre A signifie: *Anotacada* (assurée). Ce timbre, qui ne s'emploie que concurremment avec le précédent, sert pour les lettres enregistrées et assurées.

1865. *Nom* (Estados unidos de Colombia), *étiquette de la dimension d'une enveloppe de lettre, au milieu drapeau aux couleurs de Colombie peint à la main. Chromo-lithographié en jaune et brun.* — PB. — Li. — ▭

25 centavos, 50 c.

NOTA. Timbres pour lettres chargées à valeur déclarée.

1865. *Inscription* (Sobre porte), *écu surmonté d'un aigle éployé.* — N. — PC. — Ty. — ▯

25 centavos bleu, 50 c. jaune, 1 peso rose.

NOTA. Appliqués sur les lettres frappées d'une surtaxe à desti-nation des pays n'ayant pas de conventions postales avec la Nou-velle-Colombie.

1866. *Nom* (E. U. de Colombia), *en* ○ *(émission de janvier 1865), légende en lettres plus grasses, valeur en lettres plus petites.*

50 centavos vert.

1867. *Nom*, *armoiries surmontées d'un aigle, encadrement varié suivant la valeur.* — C. — PB. — Li.

5 centavos orange (Oct.), 10 c. lilas (C.), 20 c. bleu (C.), 50 c. vert (▯ échancré), 1 peso rouge (C.).

### PROVINCE DE BOLIVAR.

*Inscription* (Correos del Estado, E. U. de Colombia, Estado del Bo-livar, *armoiries*. — C. — PB. — Li. — Très-petit ▭

10 cents rose, 1 peso vermillon.

*Même timbre.*

10 cents vert.

# VÉNÉZUÉLA (République de).

**TIMBRES.**

Janvier 1859. *Nom*, *armoiries surmontées d'une corne d'abon-dance.* — C. — PMB. — Ty. — Petit ▯

½ real jaune pâle, ½ r. jaune, 1 r. bleu pâle, 2 r. rouge pâle.

1860. *Même timbre, couleurs plus vives.* — C. — PMB. — Ty. — Petit ▯

½ real orange, 1 r. bleu, 2 r. carmin (papier azuré).

7 août 1861. *Même timbre, armoiries sur fond blanc.* — C. — PB. — Ty. — ☐ plus grand.

¹⁄₄ (cuarto) centavo vert. ¹⁄₂ (medio) centavo violet foncé. 1 centavo brun.

Novembre 1863. *Inscription (Federacion Venezolana. aigle en ○. au-dessus 7 étoiles.* — C. — PMB. — Ty. — ☐

¹⁄₂ real jaune, 1 r. bleu, 2 r. vert.

1864. *Mêmes timbres.* — C. — PMB. — Ty. — ☐

¹⁄₂ centavo orange vif. 1 centavo olive.

1 janvier 1866. *Inscription (Correos de los EE. UU. de Venez... a), armoiries surmontées de deux cornes d'abondance.* — C. — PB. — Li. — ☐

¹⁄₂ real rose violacé, 1 r. rouge, 2 r. jaune.

### Service spécial.

Juillet 1864. *Noms (Pto. Cabello, La Guaira, San Tomas), inscription (packet), bateau à vapeur.* — N. — PC. — Li. — ☐.

¹⁄₂ centavo blanc, 1 c. rose, 2 c. vert. 3 c. jaune. 4 c. bleu.

1864. *Noms (Pto. Cabello. La Guaira, San Tomas. inscription (Paquete), date aux angles, bateau à vapeur.* — C. — PB. — Ty. — ☐ — pi. 12¹⁄₂.

¹⁄₂ real rose. 2 reales vert.

*Même timbre, les 4 chiffres des angles plus grands.* — pe. po. et pe. o. pa.

¹⁄₂ real carmin, 2 r. vert.

*Mêmes timbres, pi. 12¹⁄₂.*

¹⁄₂ real bleu pâle. 2 reales jaune.

NOTA. Ces timbres ont été émis par une compagnie qui a le privilège du transport des lettres entre le Vénézuéla et l'île de Saint-Thomas.

## GUYANE ANGLAISE (Colonie anglaise).

### TIMBRES.

*1850. Nom (British Guiana), paraphe (G. R. D.) apposé par le directeur des postes. valeur au milieu.* — N. — PC. — Ty.

4 cents jaune (○). 8 c. vert (○). 12 c. bleu (○).

? 1850-1851. *Nom, vaisseau dans un écusson, en haut la valeur, en bas la devise:* Damus patimus que vicissim. *Paraphe* (E. I. E. D.) — N. — PC. — TD. — ☐

1 cent carmin, 4 c. bleu outremer.

1853. *Nom, vaisseau dans un ovale, entouré de la devise:* Damus petimus que vicissim. *Date.* — C. — PB. — Ty. — ☐

1 cent rouge, 4 c. bleu.

*Timbre semblable, chiffres de la date dans un encadrement sans filet blanc.* — C. — PB. — Ty. — ☐

4 cents bleu.

> NOTA. Il paraît qu'après l'émission de ces timbres, on s'est servi pendant quelque temps des timbres anglais bien connus ; c'est ce qui expliquerait comment une liste complète des timbres de la colonie, fournie par la Direction générale des postes, mentionne sous la date de 1858 : *1 cent rouge foncé, 4 d. (pence) rouge clair, 6 d. lilas, 1 shilling vert,* sans en donner la description. Ce seraient précisément les timbres anglais qui correspondaient aux valeurs de la colonie, puisque 4 pence font exactement 8 cents, etc.

1856. *Nom, vaisseau ; en haut:* Damus petimus, *en bas:* que vicissim. — N. — PC. — Ty. — Grand ☐

4 cents bleu, 4 c. carmin.

1860. *Noms, vaisseau entouré d'une jarretière à d., même devise, date.* — C. — PB. — Ty. — ☐ — pi. 12 et 13.

1 cent rose, 1 c. brun clair (1862), 1 c. brun (1862), 1 c. noir (1863), 2 c. orange, 4 c. bleu, 4 c. bleu azuré (1864), 8 c. rose pâle, 8 c. rose, 8 c. rose lilacé (1867), 12 c. gris de perle, 12 c. lilas, 24 c. vert, 24 c. vert bleuâtre.

*Mêmes timbres,* pi. 10.

4 cents bleu verdâtre, 8 c. lilas.

Octobre 1862. *Noms, encadrement de perles* ☒, *paraphe du directeur* (R. M.). — N. — PC. — Ty. — ☐ — pe. li.

1 cent rose, 2 c. jaune.

*Mêmes timbres, encadrement de vignettes* ☒, pe. li.

1 cent rose, 2 c. jaune.

*Mêmes timbres, encadrement de raisins* 𝔖𝔖𝔖𝔖𝔖𝔖𝔖 , pe. li.

1 cent rose, 2 c. jaune.

*Même timbre, encadrement gothique* ✕✕✕✕✕✕✕✕ , pe. li.

4 cents bleu.

*Même timbre, encadrement de fleurs de lis* ⸬⸬⸬⸬⸬⸬⸬ , pe. li.

4 cents bleu.

*Même timbre, encadrement de vignettes* ✕✕✕✕✕✕✕✕ , pe. li.

4 cents bleu.

    NOTA. Vers la fin de 1862, on se servit pendant quelques semaines de ces timbres, à cause de l'épuisement momentané de la provision des timbres ordinaires. Ces timbres ont été contrefaits.

1863. *Nom, vaisseau entouré d'une jarretière, date.* — C. — PB. — Ty. — ☐ — pi. 13 et 12.

6 cents bleu, 6 c. bleu verdâtre, 24 c. vert, 48 c. rose.

1867. *Mêmes timbres que 1860.* — pi. 10.

1 cent noir, 4 c. bleu, 8 c. lilas.

### Réimpression.

Septembre 1864. *Mêmes timbres que ceux de 1850-1851.* pi.

1 cent carmin, 4 c. bleu outremer.

Septembre 1864. *Mêmes timbres que ceux de 1853,* pi. 13.

1 cent rouge orange, 4 c. bleu de ciel.

# GUYANE HOLLANDAISE.

### TIMBRES proposés.

1861. *Inscription* (Post Zegel). *Couronne entre deux branches.* — N. — PC. — ? Ty. — ☐

10 cents rose, 10 c. lilas foncé.

# BRÉSIL (Empire du).

### TIMBRES.

1 juillet 1843. *Valeur en gros chiffres romains.* — N. — PB. — TD. — ☐

30, 60, 90 (reis).

1 juillet 1844. *Valeur en petits chiffres italiques.* — N. — PB. et PA. — TD. — Losange avec coins arrondis.

30, 60, 90 (reis).

23 mai 1845. *Mêmes timbres.*

180, 300, 600 (reis).

26 septembre 1846. *Même timbre.*

10 (reis).

1 janvier 1850. *Valeur en petits chiffres romains.* — N. — PB. — Ty. — □

10, 20, 30, 60, 90, 180, 300, 600 (reis).

NOTA. On peut distinguer deux séries de ces timbres, l'une imprimée noir franc, l'autre noir pâle. On rencontre des timbres semblables avec chiffres étroits et plus hauts; ce sont des timbres pour effets de commerce.

27 février 1854. *Mêmes timbres (pour journaux).* — C. — PB. — Ty. — □

10 bleu, 30 bleu (reis).

NOTA. Ces timbres ont remplacé ceux de 10 reis noir.

2 juillet 1861. *Mêmes timbres.* — C. — PB. — Ty. — □

280 (reis) rouge vermillon, 280 rouge orange, 430 jaune.

*Mêmes timbres,* pi. 13½.

10 (reis) bleu, 20 noir, 30 noir, 30 bleu, 60 noir, 90 noir, 180 noir, 280 rouge, 430 jaune, 600 noir.

1 juillet 1866. *Nom* (Brazil), *effigie de l'empereur Pedro II de face.* — C. — PMB. — TD. — □ — pi.

10 reis rouge, 10 r. rouge pâle, 50 r. bleu, 80 r. violet, 80 r. violet pâle, 100 r. vert, 500 r. orange.

1 juillet 1866. *Nom* (Brazil), *tête de l'empereur, à g.* — C. — PMB. — TD. — □ — pi.

20 reis violet, 20 r. violet pâle, 200 r. noir.

NOTA. 1000 reis = 1 milreis = 2 fr. 85 c.

# PÉROU (République du).

## TIMBRES.

26 février 1858. *Inscription* (Correos porte franco), *armoiries (en haut, lama et arbre; en bas, corne d'abondance placée horizontalement), écusson entouré d'une guirlande, en ○, pour le 1 dinero; écusson entouré de drapeaux pour le 1 peseta; cadre formé par deux filets; 22 mill. de côté.* — C. — PB. — Li. — □

1 dinero bleu verdâtre. 1 peseta vermillon. 1 p. rose. 1 p. rouge brun.

*Même timbre, encadrement formé d'une seule ligne, différence dans les étendards; pour le $\frac{1}{2}$ peso guirlande sur les drapeaux; le P de Porte touche la ligne de l'encadrement. 21 mill. de côté.*

1 dinero bleu. 1 peseta rouge-brique. 1 p. rose. $\frac{1}{2}$ peso jaune.

*Timbre semblable, dans les quatre angles autour du champ de l'écu traits obliques alternés formant une série d'angles obtus: le P de Porte est un peu écarté du cadre. 21 $\frac{1}{2}$ mill. de côté.*

1 dinero bleu.

*Même timbre, corne d'abondance sur fond blanc.*

1 dinero bleu.

*Même timbre, écusson et les quatre angles autour du champ blancs.*

1 dinero bleu.

NB. Ces deux variétés proviennent de l'usure de la planche lithographiée.

*Timbre semblable, les traits obliques alternés se rencontrent à angles droits, et sont plus espacés.*

1 dinero bleu. 1 d. bleu pâle. 1 peseta rouge. 1 p. rose.

NB. Par suite de l'usure de la pierre on rencontre des exemplaires où les lignes de l'écusson et celles comprises entre les deux encadrements ont disparu de plus en plus, de manière à ne laisser à la fin que des espaces blancs.

*Timbre semblable, le lama sans oreilles, caractères des inscriptions plus gros.*

1 peseta rouge. 1 p. rose. 1 p. rouge brun.

18 novembre 1862. *Inscription (Correos porte franco): armoiries en R. bl. en ○ — G. — PB. — Ty. — ⊏*

1 dinero rouge. 1 d. rose. 1 d. vermillon.

15 janvier 1863. *Timbre semblable.*

1 peseta brun

Juillet 1866. *Inscription (Correos Peru en haut, lamas dans un écusson. — C. — PMB. — TD. — ▢ — pi. 12.*

5 centavos vert.

Nota. 10 dineros = 1 peso = 5 fr. 30 c.

5 pesetas = 1 peso.

# PACIFIQUE (Pays de l'Océan).

*1857. Bateau à vapeur en* ○ — *Lettres* P. S. N. C., *dans les angles.* — C. — PVA. — TD. — ☐

1 real (½ oz.) bleu, 2 reales (1 oz.) carmin.

NB. Ces deux timbres ont servi aussi, du 1er décembre 1857 au 26 février 1858, à l'affranchissement des lettres confiées à l'administration des postes péruvienne et allant de Lima à Chorillos et réciproquement.

*Même timbre.* — C. — PVA. — TD. — ☐

1 real (½ oz.) carmin, 2 reales (1 oz.) bleu.

*Mêmes timbres.* — C. — PMB.

1 real (½ oz.) carmin, 2 reales (1 oz.) bleu.

2 reales (1 oz.) brun.

NOTA. La *Pacific Steam Navigation Company* (Société pour la navigation à la vapeur de l'océan Pacifique) emploie ces timbres pour le service de la correspondance entre les différents ports de la côte de l'océan Pacifique (Pérou, Chili, etc.).

**Réimpression.**

*1863. Mêmes timbres.*

1 real jaune, 2 reales jaune.

1 real vert, 2 reales vert.

# ÉQUATEUR (République de l').

1 janvier 1865. *Nom (Ecuador Correos) en haut, écusson surmonté d'un aigle et entouré de drapeaux, valeur en bas.* — C. — PB. — Ty. — ☐

½ real bleu, 1 r. jaune, 1 r. vert pâle, 2 r. vert. (PA.)

*1866. Timbre semblable.*

4 reales rouge.

NOTA. Il existe sur la même planche des timbres de deux différentes dimensions.

# BOLIVIE (République de).

*Nom (Republica boliviana), en haut inscription (*PAZ*, franco) en ovale entre deux branches de laurier.* — C. — PB. — *Imprimé à la main.* — C

Vert.

*Inscription* (POTOSI *en haut, franco au bas*), *aigle entouré de
deux branches de laurier en C. — C. — PA. — Im-
primé à la main. — C*

Noir.

*Inscription* (SANTA CRUZ *en haut, franco au bas*), *aigle tenant une
branche d'olivier dans chaque serre. — C. — PB. —
Imprimé à la main. — C*

Rouge, noir.

*Inscription* (COCHABAMBA, *franco*), *entourée d'une couronne de laurier. — C. — PB. — Imprimé à la main. — C*

Rose.

*Inscription* (SUCRE *en haut, franco en bas*, *couronne de laurier. —
C. — PB. — Imprimé à la main. — C*

Rose.

*Inscription* (ORURO *en haut, franco en bas*, *deux branches d'olivier croisées. — C. — PB. — Imprimé à la main. — C*

Vert foncé.

NOTA. Ces timbres ne sont pas des timbres-poste proprement dits,
mais des timbres apposés à la poste sur les lettres affranchies. On re-
marquera qu'ils portent l'indication de la ville où la lettre a été mise
à la poste; nous en avons imprimé les noms en petites capitales.

Nous avons cru devoir mentionner ces timbres, puisqu'ils remplacent à peu près en Bolivie les timbres-poste.


# PARAGUAY (République du).

Il existe pour ce pays des essais, mais il n'a pas encore été émis de
timbres-poste proprement dits.


# ARGENTINE (République).

### TIMBRES.

Avril 1858 (décr. 24 févr. 1858). *Nom, armoiries (soleil levant,
etc.), en haut; Confe. ou Argentina; en bas, la valeur en gros chiffres; encadrement grec, étroit. —
C. — PB. — Li. C*

5 centavos carmin.

1858-12 decembre 1861. *Même timbre; valeur en chiffres plus petits et cadre plus large.*

5 centavos rouge. 10 c. vert. 15 c. bleu.

11 janvier 1862. *Nom (Republica argentina). armoiries (bonnet phryggien au haut d'une perche, etc.). — C. — PB. — Li. —* ☐

5 centavos rose. 5 c. brique. 5 c. brun. 10 c. vert. 15 c. bleu.

NOTA. On peut distinguer deux émissions de ces timbres, dont la première est bien plus nette, et tirée en couleurs plus pâles: dans les derniers imprimés les ondulations du fond ont plus ou moins disparu par suite de l'usure de la planche. — On rencontre de plus pour le 10 c. et le 15 c. plusieurs variétés de type différant pour les deux chiffres seulement.

11 janvier 1864. *Nom (Republica argentina, portrait président don Bernardo Rivadavia. — C. — PVB. Fil: B. A. — TD. —* ☐

5 centavos rouge. 10 c. vert. 15 c. bleu.

*Mêmes timbres. pi. 12.*

5 centavos rouge. 5 c. carmin (1866). 10 c. vert. 15 c. bleu.

### Reimpression de 1866.

*Timbres de l'émission d'avril 1858: valeur en gros chiffres et encadrement étroit.*

5 centavos rouge, 10 c. vert. 15 c. bleu.

# CORRIENTES (Province de).

16 fevrier 1856. *Inscription (Corrientes: figure de la République gravée sur bois. a g. — N. — PC. —* ☐

1 real M. C. indigo

NOTA. Les lettres M. C. signifient Moneda corriente (monnaie courante). La valeur était de 10 cent.

Il existe, de ce timbre, 8 gravures sur bois différentes.

8 fevrier 1860. *Même timbre.*

1 real M. C. indigo (la valeur effacée par un trait de plume).

NOTA. La valeur de ces timbres est de 3 centavos, soit 15 centimes: on a effacé à la plume la valeur des timbres en attendant l'émission du timbre bleu sans valeur indiquée.

1861. *Même timbre sans indication de valeur*

Bleu (3 centavos).

1 janvier 1864. *Même timbre.*

Vert jaunâtre, vert bleuâtre.

La valeur de ce timbre a été de 5 centavos, soit 19¹, centimes. depuis le 26 décembre 1863 au 21 février 1864, et de 2 centavos plata. soit 0ᶠ,078, depuis cette époque jusqu'au 17 avril 1864.

NOTA. La province de Corrientes fait partie de la République argentine ; il est probable qu'on y aura fait usage des timbres ci-dessus pendant une des révolutions si fréquentes dans l'Amérique du Sud.

Ils ont été remplacés, comme ceux de Buenos-Ayres, le 17 avril 1864 par ceux de la République argentine.


# URUGUAY (République de) [MONTEVIDEO].


## TIMBRES.

16 octobre 1856. *Inscription* (Diligencia), *armoiries (soleil avec rayons) en* ○ — C. — PB. — Li. — ▢

60 centesimos bleu, 80 c. vert, 1 real rouge.

NOTA. Ces timbres ne servaient qu'à l'affranchissement des lettres expédiées par diligence *(Diligencia).*
100 centesimos = 1 real = 51 centimes.

*Nom* (Montevideo), *armoiries (soleil avec rayons) en* ○: *chiffres indiquant la valeur (mal exécutés), à droite et à gauche au bas du timbre.* — C. — PB. — Li. — ▢

120 centesimos bleu, 180 c. vert, 240 c. rouge.

NOTA. Ces timbres ne servaient qu'à affranchir les lettres expédiées par bateau, soit sur les rivières du pays, soit outre-mer.

1 juillet 1859. *Même timbre, chiffres maigres indiquant la valeur, inscription en grandes majuscules.* — C. — PB. — Li. — ▢

60 centesimos lilas, 80 c. orange, 100 c. carmin, 120 c. bleu, 180 c. vert, 240 c. rouge.

1862-22 février 1864. *Mêmes timbres, chiffres plus gras.*

60 centesimos violet. 60 c. gris violet. 60 c. brun, 80 c. orange, 80 c. jaune. 100 c. carmin, 120 c. bleu, 180 c. vert.

NOTA. Les nuances des *60 centesimos* vont à l'infini; de même la couleur des *100 centesimos* varie du rose au brun.

800 centesimos = 1 peso corriente = 4 fr. 30 c.

22 février 1864. *Nom* (Republica oriental), *écu aux armes de la république surmonté du soleil radié.* — C. — PB. — Li. — □

06 centesimos brique, 06 c. carmin. 08 c. vert, 10 c. jaune-ocre. 12 c. bleu.

Ces timbres remplacent ceux au nom de Montevideo; ils présentent des nuances variées.

1 janvier 1866. *Mêmes timbres, valeur surchargée en noir dans les angles inférieurs.*

5 centesimos bleu, 10 c. vert, 15 c. jaune, 20 c. carmin.

NOTA. Ces timbres n'ont servi que huit jours.

10 janvier 1866. *Inscription* (Republica del Uruguay. Montevideo). *grands chiffres exprimant la valeur sur un écu aux armes de l'État.* — C. — PB. — Li. — □

5 centecimos bleu foncé. 5 c. bleu pâle. 10 c. vert clair, 10 c. vert pâle. 15 c. jaune d'or. 20 c. rose. 20 c. rose pâle.

*Mêmes timbres,* pi. 13.

5 centecimos bleu. 10 c. vert clair. 15 c. jaune d'or, 20 c. rose.

NOTA. On rencontre des différences assez sensibles, provenant de reports lithographiques mal faits.

### TIMBRES DE JOURNAUX.

1866. *Nom* (Republica oriental del Uruguay). *chiffre 1 placé sur les armoiries de l'État et traversé par le mot:* Centesimo. — C. — PMB. — Ty. — □

1 centesimo noir.

### ENVELOPPES.

1866. *Inscription* (Republica del Uruguay. Montevideo), *grands chiffres exprimant la valeur sur un écu aux armes de l'État.* — C. — PMB. — Ty. ○ — D.

5 centecimos bleu, 10 c. vert.

*Mêmes timbres, avec l'orthographe correcte:* Centesimos (et non Centecimos).

5 centesimos bleu, 10 c. vert.

100 centesimos $= 1$ peso $= 5$ fr. 40 c.

# BUENOS-AYRES (République de).

**TIMBRES.**

29 avril 1858 (*décr. 9 avril*). *Nom, bateau à vapeur en* ⌣ — C. — PB. — ? TD. ou Li. — ▢

2 pesos bleu, 3 p. vert, 4 p. rouge, 5 p. orange.

26 octobre 1858 (*décr. 2 oct.*). *Mêmes timbres.*

4 reales brun, 1 (*in*) peso brun.

> NOTA. Par suite d'une diminution de taxe, on imprima en 1858 des timbres de 4 reales et de 1 peso; la planche du *5 pesos* étant ainsi devenue inutile, on l'employa pour les timbres de 1 peso, après avoir gratté les lettres c..co, de sorte qu'il ne resta plus que *in*. On se servit de même de la planche du *4 pesos* pour imprimer les timbres de 4 reales.

1 janvier 1859. *Même timbre.*

1 (*in*) peso bleu. 1 (T) p. bleu.

> NOTA. A la suite d'une nouvelle diminution de la taxe, on n'imprima en 1859 plus que des timbres de 1 peso, pour l'exécution desquels on se servait de la planche du *5 pesos* modifiée; quand celle-ci fut hors d'usage, on employa la planche du 4 pesos, qui avait déjà servi à imprimer les timbres de 4 reales, après avoir gratté les lettres cua. ro.

3 septembre 1859 (*décr. 20 oct. 1858 et 15 oct. 1859*). *Nom, tête de la Liberté en* ◯ — C. — PMB. — Ty. — ▢

4 reales vert foncé. 4 r. vert pâle, 1 peso bleu, 1 p. bleu foncé.

1 p. bleu pâle, 2 p. rouge.

> NOTA. Il y a lieu de distinguer deux émissions: un premier tirage fait à Paris, et un tirage plus grossier, fait à Buenos-Ayres.

20 septembre 1862 – 17 avril 1864. *Mêmes timbres.* — Ty.

1 peso rose. 2 pesos bleu.

> NOTA. Remplacés à partir du 17 avril 1864 par les timbres de la République argentine.
>
> 1 peso (papier-monnaie) $= 8$ reales $= 5$ centavos $= 20$ centimes.

# CHILI (République du).

**TIMBRES.**

1852. *Nom* (Chile), *tête de* (?) *Colomb, à g.* — C. — PV. (Fil: *chiffre*).
— TD. — ☐

5 centavos rouge (papier azuré), 10 c. bleu foncé (papier blanc).

*Mêmes timbres.* — C. — PVB. (Fil: *chiffre*). — TD. — ☐

1 centavo jaune, 5 c. rouge, 10 c. bleu, 10 c. bleu outremer,
20 c. vert.

Nous avons rencontré des timbres de 5 et 10 centavos sans filigrane. — Les chiffres du filigrane n'ont pas toujours la même dimension

100 centavos = 1 peso = 5 fr. 27 c.

# TABLEAU DES MONNAIES

# TABLEAU DES MONNAIES.

| | | | | |
|---|---|---|---|---|
| Anna (*Indes*) | 16 annas. | 1 rupie | 2f | 40c |
| Bajocco (*États de l'Église, Romagnes*) | 100 bajocci | 1 scudo | 5 | 22 ½ |
| Candareen (*Chine*) | | 1 candareen. | » | 07 ½ |
| Cent (*États-Unis, Colonies anglaises, Sandwich, États confédérés, Saint-Thomas et Sainte-Croix*) | 100 cents. | 1 dollar | 5 | 22 |
| Cent (*Hollande, Colonies hollandaises*) | 100 cents. | 1 florin. | 2 | 10 |
| Cent (*Philippines, Nicaragua*). | 100 cents. | 1 peso | 5 | 40 |
| Centavo (*Vénézuéla, Nouvelle-Grenade, Colombie, Chili*) | 100 centavos. | 1 peso | 5 | 27 |
| Centavo (*Mexique*). | 100 centavos. | 1 peso | 5 | 40 |
| Centavo (*Confédération argentine, Corrientes*). | 100 centavos. | 1 peso | 3 | 90 |
| Centesimo (*Italie, Sardaigne, Parme, Modène, Suisse*) | 100 centesimi | 1 lira. | 1 | » |
| Centesimo (*Lombardo-Vénétie*) | 100 centesimi | 1 lira. | » | 87 |
| Centesimo (*Toscane*) | 100 centesimi | 1 lira tose. | » | 84 |
| Centesimo (*Uruguay, Montevideo, jusqu'en 1864*) | 100 centesimos | 1 real | » | 54 |
| Centesimo (*Uruguay, Montevideo, Republ. oriental, depuis 1864*). | 100 centesimos | 1 peso | 5 | 40 |
| Centime (*France, Belgique, Luxembourg, Suisse, Colonies françaises*). | 100 centimes | 1 franc. | 1 | » |
| Centimo (*Colonies espagnoles*) | 100 centimos | 1 piastre forte. | 5 | 40 |
| Crazia (*Toscane*) | 12 crazie. | 1 lira tose. | » | 84 |
| Cuarto (*Espagne, Colonies espagnoles*) | 16 cuartos. | 2 reales | » | 53 |
| Dinero (*Pérou*) | 10 dineros. | 1 peso | 5 | 27 |
| Dollar (*États-Unis, États confédérés; voy. aussi Cent*) | | 1 dollar | 5 | 22 |
| Escudo (*Espagne*) | | 1 escudo. | 2 | 70 |
| Franc (*France, Belgique, Suisse depuis 1852; voy. Centime*) | | 1 franc. | 1 | » |
| Grano (*Naples, Sicile*) | 100 grana | 1 ducato | 4 | 25 |
| Groschen (*Hanovre*). | 30 groschen | 1 thaler | 3 | 75 |
| Grote (*Brême*) | 72 grote | 1 reichsthaler. | 4 | 12 |
| Gute Groschen (*Hanovre*). | 24 gute groschen. | 1 reichsthaler. | 3 | 75 |
| Kopeck (*Russie, Finlande, Pologne*) | 100 kopecks. | 1 rouble | 3 | 75 |
| Kreuzer (*États du Sud de l'Allemagne*) | 60 kreuzer. | 1 florin | 2 | 14 |
| Kreuzer (*Autriche, jusqu'en 1858*) | 60 kreuzer. | 1 florin | 2 | 62 |
| Kreuzer (*Autriche, depuis 1858*) | 100 kreuzer. | 1 florin | 2 | 50 |
| Lepton (*Grèce*). | 100 lepta. | 1 drachme. | » | 88 |
| Lira (*Italie, Toscane; voy. aussi Centesimo*) | | 1 lira. | 1 | » |
| Neugroschen (*Saxe*) | 30 neugr. | 1 thaler | 3 | 75 |
| Œre (*Suède, depuis 1856*) | 100 öre. | 1 rixdaler | 1 | 43 |
| Para (*Turquie, Servie, Moldavie, Principautés danubiennes, Égypte*) | 40 paras | 1 piastre. | » | 25 |

| | | | f | c |
|---|---|---|---|---|
| Penni (*Finlande*) | 100 penni | 1 marc | 4 | » |
| Penny (*Angleterre et ses colonies, sauf Canada et Prince-Édouard*) | 12 pence | 1 shilling | 1 | 25 |
| Penny (*Canada*) | 12 pence | 1 shilling | 1 | » |
| Penny (*Prince-Édouard*) | 12 pence | 1 shilling | » | 83 |
| Peseta (*Pérou*) | 5 pesetas | 1 peso | 5 | 27 |
| Peso (*Mexique, Costa-Rica*) | | 1 peso | 5 | 40 |
| Peso (*Vénézuéla, Nouvelle-Grenade, Colombie, Pérou*) | | 1 peso | 5 | 27 |
| Peso (*Buenos-Ayres*) | | 1 peso | » | 20 |
| Pfennig (*Prusse*) | 12 pfennige | 1 silbergr. | » | 12 1/2 |
| Pfennig (*Hanovre*) | 10 pfennige | 1 groschen | » | 12 1/2 |
| Pfennig (*Saxe*) | 10 pfennige | 1 neugroschen | » | 12 1/2 |
| Piastre (*Turquie, Servie, Moldavie, Principautés danubiennes, Égypte; voy. aussi Para*) | | 1 piastre | » | 25 |
| Pie (*Indes*) | 12 pies | 1 anna | » | 15 |
| Quattrino (*Toscane*) | 3 quattrini | 1 paolo | » | 56 |
| Rappen (*Suisse, jusqu'en 1852*) | 100 rappen | 1 franc | 1 | 50 |
| Rappen (*Suisse, depuis 1852*) | 100 rappen | 1 franc | 1 | » |
| Real (*Espagne*) | 20 reales | 1 duro | 5 | 32 |
| Real (*Mexique, Costa-Rica, Équateur*) | 8 reales | 1 peso | 5 | 40 |
| Real (*Corrientes*) | 8 reales | 1 peso | » | 82 |
| Real (*Uruguay, Montevideo*) | 8 reales | 1 peso | 4 | 30 |
| Real (*Buenos-Ayres*) | 8 reales | 1 peso | » | 20 |
| Real de Plata (*Colonies espagnoles*) | 8 reales plata | 1 peso | 5 | 40 |
| Reis (*Portugal*) | 1,000 reis | 1 milreis | 5 | 60 |
| Reis (*Brésil*) | 1,000 reis | 1 milreis | 2 | 85 |
| Rigsbankskilling (*Danemark*) | 100 rigsbanksk. | 1 rigsbankdaler | 2 | 85 |
| Schilling (*Lübeck, Hambourg, Bergedorf*) | 16 schilling | 1 mark | 1 | 50 |
| Schilling (*Schleswig-Holstein, Schleswig, Holstein*) | 16 schilling | 1 mark | 1 | 25 |
| Schilling (*Mecklembourg*) | 48 schilling | 1 thaler | 3 | 75 |
| Scudo (*États de l'Église; voy. aussi Bajocco*) | | 1 scudo | 5 | 22 1/2 |
| Shilling (*Angleterre, Colonies anglaises; voy. aussi Penny*) | | 1 shilling | 1 | 25 |
| Silbergroschen (*Prusse, Hanovre, Brunswick, Allemagne du Nord, Mecklembourg-Strélitz*) | 30 silbergr. | 1 thaler | 3 | 75 |
| Skilling banco (*Suède, jusqu'en 1856*) | 40 skilling banco | 1 rixdaler species | 5 | 75 |
| Skilling (*Norwège*) | 120 skilling | 1 rixdaler species | 5 | 72 |
| Skilling (*Danemark*) | 100 skilling | 1 rigsbankdaler | 2 | 85 |
| Soldo (*Vénétie, Lombardo-Vénétie*) | 100 soldi | 1 lira austr. | 2 | 50 |
| Soldo (*Toscane*) | 20 soldi | 1 lira tosc. | » | 84 |
| Thaler (*Hanovre*) | | 1 thaler | 3 | 75 |
| Tornese (*Naples*) | 3 tornese | 1 grano | » | 04 |

# TABLE ALPHABÉTIQUE.

## VILLES, etc.